LA CIVILISATION
DU POISSON ROUGE

金鱼文明

注意力经济如何操纵我们的网络生活

[法]布吕诺·帕蒂诺 著

刘星驰 译

人民日报出版社

北京

图书在版编目(CIP)数据

金鱼文明：注意力经济如何操纵我们的网络生活／(法)布吕诺·帕蒂诺著；刘星驰译. — 北京：人民日报出版社，2021.2
ISBN 978-7-5115-6925-7

Ⅰ.①金… Ⅱ.①布… ②刘… Ⅲ.①经济理论 Ⅳ.①F019

中国版本图书馆 CIP 数据核字(2021)第 033090 号

著作权合同登记号 图字:01-2021-0254
La civilisation du poisson rouge by Bruno Patino
© Editions Grasset & Fasquelle, 2019.
Current Chinese translation rights arranged through Divas International, Paris 巴黎迪法国际

书　　名：金鱼文明:注意力经济如何操纵我们的网络生活
　　　　　JINYU WENMING: ZHUYILI JINGJI RUHE CAOZONG WOMEN
　　　　　DE WANGLUO SHENGHUO
著　　者：[法]布吕诺·帕蒂诺
译　　者：刘星驰

出 版 人：刘华新
责任编辑：毕春月　苏国友

出版发行：人民日报出版社
社　　址：北京金台西路 2 号
邮政编码：100733
发行热线：(010) 65369509　65369512　65363531　65363528
邮购热线：(010) 65369530　65363527
网　　址：www.peopledailypress.com
经　　销：新华书店
印　　刷：天津鑫旭阳印刷有限公司

开　　本：880mm×1230mm　1/32
字　　数：110 千字
印　　张：6
版次印次：2021 年 3 月第 1 版　2021 年 3 月第 1 次印刷

书　　号：ISBN 978-7-5115-6925-7
定　　价：49.00 元

如发现编校差错或印装问题,请拨打售后服务电话 010-82838515

献给玛丽和萨拉

若有真宰。[1]

——庄子

我所记得的最后一件事，是我跑向门口。

我必须找到来时的路，回到我过去的地方。

守夜人说放宽心，我们只是照常接待，

你想什么时候结账都可以。

但你永远无法离去！

——老鹰乐队《加州旅馆》

笨蛋，关键在于经济！[2]

——比尔·克林顿

如果你看什么都是灰色的，

那就把大象移开。

——印度民谚

你知道吗？金鱼的专注力持续不了 8 秒。每隔不到 8 秒，它就走神一次，刷新认知中的世界。我们的注意广度只比金鱼长了 1 秒。我们就从这里开始⋯⋯

目 录

第一章

9 秒

注意力市场造就了一个疲劳的社会，它熄灭了哲学之光，取而代之的是数字信号。

语出惊人。

台上站着一个信心满满的男人，他对自己的发现成竹在胸。他身后大屏幕上的图片是一条硕大无朋的金鱼，目不转睛地盯着它的鱼缸，而图注只有一个问号。自从Instagram诞生以来，我们看待图片的方式早已不同往昔，这张图片也不例外。作者用滤镜调整了图片的饱和度，如此一来，图片中金鱼的那对圆眼对观众产生了某种催眠效果。

台上这位男子，拥有"雅痞"的一切特质：没有扎进裤腰的修身白衬衫、完美剪裁的窄腿裤、莫兰迪色的运动鞋、薄薄的一层胡楂儿、精心修剪的蓬头、价值不菲的眼镜、国际范儿的英语口语、轻便的耳机、三十多岁的健硕身材。他的外形，彰显着他世界级的成就、所承受的压力以及与非凡智力相匹配的优渥生活。他顾盼自雄，这就是"谷歌人"的正常派头。他和许多同事一起从山景城（Mountain View）——世界首屈一指的公司Google的总部——来到这里，向诸多欧洲媒体人士传达这个数字巨头的意见。Google的行事方式大致是这样：每年在各大洲组织数次与专业人士的洽谈会，目的在于宣传公司的工具、技术及研究成果。无论会场在巴黎、伦敦、柏林、马德里、罗马还是在斯德哥尔摩，所有会议都如出一辙：在这个加利福尼亚巨头和唯其马首是瞻的用户间，建立起"伙伴关系"。这就是美国人的行事方式："热心肠的"业内人士任重而道远，有太多的智慧需要与人互通有无。"为了更多人的利益"，他们要构建一个新的世界，在这个世界中，信息传播速度将越来越快，越来越精确。他们通过小礼物和会议休息期间无限量供应的食物，来增进上述这种互助精神。可惜事与愿违：每聚首一次，Google 和对话者之间都不可避免地渐行渐远。如果说在几年前，Google 和其他企业之间已经有了天壤之别，如今的 Google 更是一骑绝尘——它已经"不属于这个世界"了。更确切地说，它打造出一个新的世界，而我们却越来越难以融入其中。

全场听众都等待着这位公司代表指点迷津。显然，这个新世界需要想象力、时间，当然还有人工智能的强大算力。在人工智能这个神秘词语身后，无非是一些数据和数学公式，帮助机器逐渐学会识别、分析并找到答案。不过，为了实现这一点，它需要千万名工程师费尽心力，编排海量的数据。

演讲者讲到显示屏上的金鱼——这种在鱼缸里不停转圈的愚蠢动物。人类把金鱼放进鱼缸，然后自我安慰说：它的记忆如此短暂、注意力如此有限，以至于每转一圈都会发现一个新的世界。金鱼的记忆对它而言绝非诅咒，而是恩典：健忘让无聊重复变成了新奇的发现，让逼仄的"监狱"变成无穷的世界。著名的"金鱼记忆"是否只是一个都市传说？很多人从未细想过这个问题。我们只是庆幸能够借用这种说法，为自己的三心二意表达歉意。

不过，Google 的数字计算能力是"无限"的。这位男子宣布，Google 已经成功计算出鱼的实际注意力时间，即著名的"注意广度"[3]。结果证实，这种动物确实可笑，其专注力持续不了 8 秒。每隔不到 8 秒，它就走神一次，刷新认知中的世界。

这还没完。Google 的计算机还估算出了"千禧一代"的注意力时长。出生在互联网时代的新人类，用手指划着触摸屏长大。他们同样无法抗拒口袋里的震动。在通勤时，他们眼睛盯着智能手机，沉浸在屏幕创造的时空之中。该男子声称，这一代人的注意力的持续时间是 9 秒，一旦超过这个时间，从第 10 秒起，大脑就走神了，需要一个新的刺激、信号、警报或者推荐来唤回关注。换句话说，我们的注意广度只比金鱼长了 1 秒。

Google 表示，这 9 秒的专注时间，是他们乐意接受的一个挑战。用 T. S. 艾略特（T. S. Eliot）[4]的话说，就是如何继续吸引"通过一个消遣排解另一个消遣的无聊"的千禧一代的注意力。应该要构造何种工具、何种数学公式、何种命题，才能持续地滋养那些还没真正动手做某事，就已心不在焉的用户的精神世界？对此，Google 信心满满，这家加州公司完全了解应该如何应对这种变化，更何况是他们在一定程度上造就了这一局面。通过分析我们的个人数据,他们了解如何在我们注意力短缺之前提供一次刺激。

这微不足道的9秒,将我们的数字梦想变成了泡影。赛博(编者注:哲学和计算机领域中的一个抽象概念,指在计算机以及计算机网络里的虚拟现实)承诺给了我们无限的空间,令人坚信唯一能限制它的是人类的天赋。然而事实却是,我们变成了金鱼,被困在屏幕的鱼缸之中,臣服于警报和即时消息的伎俩。我们的思想在"空转":从推特(Twitter)到油管(YouTube)视频,从"快照"(Snaps)到电子邮件,从直播到推送,从应用到动态消息(Newsfeed),从机器推送的过激信息到算法过滤的图片,从明显的虚假新闻到各种谣言。我们像金鱼一样,以为自己每时每刻都在发现新的宇宙。殊不知,我们被囚禁在一种数字交互平台造就的地狱般的重复之中。就在这数字交互平台里,我们托付了最宝贵的资源:光阴。

这9秒,就是本书的主题。

根据《社会与临床心理学杂志》(*Journal of Social and Clinical Psychology*)的一项研究,人最多只能够停留在社交网站或者联网屏幕前30分钟,超过这个时限,就可能威胁心理健康。根据这项研究,我已经病入膏肓。我的日常生活深深依赖手机屏幕里的信息。但这不是我个人的问题,我们都生活在一个由频闪连接的"瘾君子世界"里。

像我一样信仰数字乌托邦的人已经开始后悔了,互联网的"发明者"蒂姆·伯纳斯·李(Tim Berners-Lee)[5]也不例外。他正在试图创建一个"反互联网",来摧毁他的前作。尽管数字乌托邦曾经瑰丽无比:它将德日进(Teilhard de Chardin)[6]的追随者和加利福尼亚州的自由主义迷幻药瘾君子们都聚集在一起。

然而,新兴的商业帝国不经意间创造了一种数字化的奴役模型。这场数字剧变虽然没有被明文记录,也不在计划之中,但是,一切却被以牢不可破的决心践行着。这场剧变的核心并非某种技术决定论,而是一个经济计划,反映着新资本主义的转变。剧变的核心是注意力经济。

新兴的数字资本主义,既是生产力普遍加速的因,又是它的果。它试图提高单位时间内的生产率,以期进一步榨取价值,在压缩时间的同时延展时间,变瞬息为永恒。在这种加速潮流中,注意力取代了习惯,成瘾取代了满足。而算法就是生产注意力经济的机床。

注意力经济正一点点摧毁我们所有的标准,我们与媒体的关系、与公共空间的关系、与知识的关系、与真相的关系、与信息的关系,无一幸免。信息失控、虚假新闻、歇斯底里的公共讨论以及无处不在的怀疑态度,这一切并非技术决定论的产物，也不是人类社群文化标准缺失的产物。互联网巨头们选择的经济体制导致的信息崩溃，让我们成为首当其冲的受害者。

注意力市场造就了一个疲劳的社会，无论是信息疲劳还是民主疲劳。它熄灭了哲学之光，取而代之的是数字信号。但注意力经济始终是一种经济秩序。如其他所有的秩序一样，它也可以被打倒和被修正。注意力市场并非与数字社会或数据经济的发展密不可分。斗争的时机已经来临，我们无意拒绝数字文明，而是要回归数字文明的本质，重现那些激励着数字乌托邦孵化者的人文理想。

第二章

成　瘾

我们想要选择自由，想要那种掌控信息所带来的微醺的满足感，但沉迷网络的现实却窥伺着我们。

夜晚已经离我们而去。

手机屏幕从此驱散了黑暗。尽管它的亮度已经调到最低，但休眠中的它依然活跃。它干扰着主人的睡眠，而使用者对视网膜上的黑视素神经节细胞的工作却一无所知。他知道这些细胞的存在吗？就是这些细胞在向下丘脑视交叉上核发送唤醒指令，因为它们无法分辨LED屏发出的蓝光和白色日光。于是，睡眠者的生物钟被打乱，睡得不踏实。难以抑制的欲望侵袭着他夜晚的宁静，同样将他的白天、生活、工作、假期、友谊、爱情、思考和祈祷击得粉碎。

我们排在首位的欲望，也是最重要、最顽强的欲望，即扑向我们几乎从未真正关过机的手机。在别人面前，我们有时光明正大地玩手机，有时偷偷摸摸地玩手机，这完全取决于我们负罪感的多少。手机解锁之后，焦躁不安的食指开始一场病态的、焦虑的旅程：从信息——SMS或者iMessages——开始，很快切换到Twitter，先点开"时间线"，再点开"提及"（@）。随后屏住呼吸一口气刷完WhatsApp、Telegram、Messenger[7]，生怕错过什么应该马上获知的消息。然后，我们心态稍微缓和地点开了Instagram和Facebook（脸书），最后是消息提醒和电子邮件。这一圈完成之后，我们就像一个一口气吃掉一整块比萨的暴食症患者一样：丝毫没有饱腹感，依稀有点负罪感，甚至有点反胃。然后,把这个过程再重复一遍。一遍又一遍。醒着的时候每2分钟一次,每小时30次;睡觉的时候每3个小时一次;一天共542次,一年198 000次。

上文中的这个人不是我,至少现在还不是。但过不了多久,我完全有可能变成这个人。对我来说,与智能手机屏幕的吸引力对抗的难度与日俱增。我试过把它放到口袋里,扣过来放到桌上,放到我看不见的地方,放到背包里面,甚至关机。但是这一切终究是徒劳,我最终总是会把它拿起来。这难道不是我们所有人的现状吗?宾夕法尼亚大学的研究人员以建议的形式作出诊断:浏览社交网络超过30分钟,我们的心理健康就会受到威胁。这个结果真的令人吃惊吗? 143名年龄介于18岁和22岁的学生愿意充当小白鼠,将自己连续两周的数字产品使用习惯提交上去,然后进行心理测试。最后的结果,无非证实了我们所有人的担忧。就我个人而言,智能手机日均使用时间早已超过30分钟的标准。

不仅是我。从2012年到2016年,世界上大多数国家和地区的智能手机日平均使用时间都翻了一番,达到了让人担忧的水平:巴西为4小时48分钟,中国为3小时,美国为2小时37分钟,法国是1小时32分钟。多数专家预计到2020年这个数字还会翻番。根据法国公共舆论研究所(IFOP)的说法,59%的法国人担心手机屏幕对孩子造成负面影响，其中将近70%的父母承认自己对手机上瘾。然而，屏幕不仅限于手机。美国给出了让人难以置信的统计数据：据凯泽家庭基金会（Kaiser Family Foundation）称，美国年轻人每天要花费5.5小时在电子游戏、网络视频和社交网站等娱乐上，而他们面对屏幕的总时长达到每天8小时，也就是他们三分之一的生命。现在，美国22—30岁的年轻人中，有22%既不上学也不上班。这个数字比15年前翻了一番。

网络吞噬生命。美国《赫芬顿邮报》（Huffington Post）2013年年底刊登的一篇文章讲述了住在新泽西州的14岁女孩凯西的故事，题为《青少年iPhone纪实》（What Really Happens On A Teen Girl's iPhone）。这是一个奴隶意识到自己被囚禁的故事："我早上醒来做的第一件事就是去点开Facebook。因为……不是说我想这么做，而是我必须这么做，就像有人在逼迫我一样。我不知道为什么，我就是想。Facebook夺走了我的生活。"凯西用生命滋养着她Instagram上的580个"好友"和Facebook上的1 110个"好友"，只为吸引更多的人给她的动态点"赞"。如果少于100个赞，她就会心慌意乱；如果她获得的赞没有其他的朋友多，她就会六神无主。

医疗咨询中充斥着上述这种被电子屏幕夺走童年的青少

年案例。这些青少年把本应浪漫的情侣关系变成了邻里关系，身处一室却沉迷在各自的聊天工具中不能自拔，然后往社交网站上发照片或者更新"故事"，见证"浪漫"的一刻。他们辍学、罹患抑郁症，影响严重时甚至会自杀。这些启示录般的个例故事虽然为数不多，无法反映普遍的社会现象，但是预示着一个令人担忧的未来。

用户@cap0w发出的一条推文是我们这个时代的真实写照。这条推文自2014年首次发布以来，被分享了成千上万次。推文内容是：火车站月台上站着二十来个人，男女老少都有，穿着工作装或者休闲服，全部低头看着手机，就像是以臣服的姿势被集体石化了一样。月台后面，有一个男人抬起头看着正前方。男人与众不同的行为在网友中引起了不安，他们像推文作者一样半讽刺半绝望地发问："这家伙怎么了？他究竟在看什么？看人群吗？"

我们的症状明显涉及了人格和行为障碍的范畴。有一些新潮词语能够表达我们失去自由后的悔恨：那些因为害怕错过手机消息而避免进入深度睡眠的人，被称为"哨兵睡眠者"（意思是像哨兵一样随时保持警醒，不进入深度睡眠的人）；只要离开手机片刻就会陷入恐慌的人，被称为"无手机焦虑症"（nomophobia）患者；还有"低头族"（phubbing），指的是在和同事、朋友、恋人或家人说话时也要公然翻手机的人。phubbing 是一个缩合词,由单词电话(phone)和冷落(snubbing)组成。这个词的构成是相对乐观的,因为它默认"低头"是一种主观行为。但是,只需稍加留意就能得出相反的结论:低头族现象是一种完全无意识的条件反射。我们的脊髓已经取代了大脑,而智能手机又取代了脊髓的位置。

数字社会聚集了一群被屏幕催眠的"瘾君子"。由于我们常常将数字社会的习惯与读报纸、听广播和看电视的习惯相提并论,所以完全没有发觉这种从习惯到成瘾的转变。这种转变有三个要素:耐受性、冲动和依赖。耐受性是指身体需要定期加"量",以获得相同的快感;冲动使人无法抵抗自己的欲望;而依赖就是无论思想还是行为都被欲望奴役,直至连生命也完全被欲望吞噬。根据这些简单的判断标准,加上对自己和周围人的观察,诊断结果不言而喻:我们上瘾了。

"数码毒瘾"还在一点点扩张它的王国,各处散播超出我们认知的精神疾病。"近期实验室"(Near Future Laboratory,一个由专家和医生组成的工作团队)总结出四种精神失常:焦虑综合征、档案精神分裂症、被遗忘恐惧症和偏执跟踪。

焦虑综合征是最为常见的精神失常。它的表现是:一定要把自己的所有事情事无巨细地发布在社交平台上,无论这些事情多么微不足道。在Instagram上传一则故事，Facebook上更新一张照片，再发送一条推文……其中的焦虑，来自害怕没有"对的时机"或者"对的照片"。照片虽然已经用滤镜和各种修图工具一再美化过，却还是担心不能引起足够多的吹捧。有些人为了在社交网站上哗众取宠，不惜以身犯险，结果在自拍时遭遇事故，最终受伤甚至死亡。这些也许只会博你一笑的案例，恰恰是普遍存在的社交焦虑的一种极端体现。智能手机中的人生是一种间接的存在，建立在对失去他人关注和评价的恐惧之上，哪怕这些关注与评价的人仅仅是网络过客，是与他们萍水相逢的陌生人。然而，大量的赞带来的安慰转瞬即逝，如果下一个帖子得不到相同水平的回应，焦虑又会卷土重来。

档案精神分裂症会找上那些在多个社交网站和婚恋网站上一人分饰数角，以致无法将真实的自我和扮演的人设区分开来的人。这些人由于过分沉迷于戴着面具与人对话，以至于在面对现实生活时，不知道该选哪张面具为好。

被遗忘恐惧症，即害怕被同伴遗忘，因社交网站的到来有了新的发展。个人空间里的一举一动皆被量化，使得那些被虚拟伙伴遗弃或忽视的人越发孤独。病患们如同幽灵一般，不停地翻看手机，只为看到一个赞、一个分享或一个提及。只有这样，他们才能从"次等人"和"活该被同侪遗忘"的妄自菲薄中抽身出来。

近期实验室所说的最后一种精神疾病——偏执跟踪，指的是一个人在社交网络上毫无意义地搜索另一个人的生活轨迹的病态行为。这种病患会不厌其烦地寻找一个人或者多个人的生活轨迹，以此作为自己的数字猎物。虽然这些信息和病患自己在网络上留下的痕迹一样，都经过杜撰和修改，但是当事人已无法客观地辨别这些信息的真假。因此，病患一步一步地将自己关进一个"哈哈镜游戏"之中。每发现一个新的照片或者链接，对方的形象就更真实，而当事人的人生却更模糊了。随着不满情绪的增加，对寻找其他链接的痴迷也随之增强，直到他陷入一种类似抑郁症早期症状的"偏执"状态。

排山倒海的信息和电子刺激击溃了我们所有的防线。每分钟，Twitter网站上发布480 000条推文，Snapchat[8]网站上发布2 400 000条"快照"，全球973 000位用户登录Facebook，174 000人访问Instagram，而这些数字还在逐月递增。网民在60秒内所做的事件清单让人头晕目眩：3 800万条信息，1 800万条短信，110万次Tinder上的"滑动"（在这个约会网站上，这个手指动作意味着浏览下一个档案），430万个YouTube视频被观看，1.87亿封电子邮件……几年前，牛津大学曾经试图计算1945年至2000年每个人可利用的"空闲时间"，以及人们通过传统媒体接触到新闻、娱乐和文化信息之间的差距。和当今海量的信息相比，1945年到2000年惊人的信息增量显得微不足道。这所英国大学最终不得不放弃计算，因为无穷大不适合做除法。

然而，我们不能把上述的一切完全归咎于海量的信息和刺激，我们原本可以对源源不断的信息流报以不同的回应。网络成瘾也并非偶然，我们与那些联网设备和应用难舍难分，以及面对屏幕上的数字刺激时产生的冲动回应，经研究后发现是被刻意引导的结果。这种导致成瘾的伎俩，早在互联网诞生之前就已经存在，它最先被应用在老虎机上，其至今还在为赌场盈利，由此可见这种技术背后的险恶用心。如今，硅谷巨头们正明目张胆地使用这种技术。

成瘾并非我们的联网生活的副作用，而是构成我们的数字消费的无数界面和服务刻意营造的结果。1931年，美国哈佛大学的行为科学实验室的一个实验，首次为博彩业提供了行为学理论依据，随后这种理论又被用于社交网络。科学家们是用啮齿动物做的实验。他们把一只小鼠放在一个透明玻璃材质的立方体大盒子里，小鼠可以通过操纵盒子里的按键来获取它爱吃的一种长条状食物。这只小鼠并非最先被观测的对象，之前的小鼠们都很快明白了按键与食物掉落的关系，展现出快速学习并且适应环境的能力。最初的摸索阶段,小鼠按压机关的间歇并不规律,但是小鼠很快明白了机关和食物的因果联系。奇怪的是,小鼠明白原理后,按压机关的频率却大大降低了。研究员最终找到了原因:小鼠只在感到饿的时候才会去触动机关。这就像被触手可及的食物包围的人,绝不会有动力去囤粮一样。面对这台旨在控制它的机器,小鼠反而成了操纵者。小鼠的条件反射,远比研究员预计的要少。

随后,研究员又用别的小鼠进行了一个不同的实验。刚开始,所有的步骤都照常进行:触动机关食物就会掉落,小鼠理解了其中的因果联系。但是随后设定的事件与先前大相径庭:有时候,小鼠按一下机关会得到大量食物;有时候,没有东西从供应食物的管道里掉出来;有时候,掉出来的只是很少的一点食物。每次都不同,每次都不可预测。按道理来说小鼠应该会气馁,然后远离按钮。但结果却相反:受到奖励机制的驱使,小鼠跟机关较起劲儿来。它完全置原理于不顾,歇斯底里般地按压机关,越来越频繁,越来越暴力,越来越机械化。即使吃饱了,按压动作还在继续。食物成了次要问题,小鼠已经没办法摆脱按钮:环境把它变成了机关的奴仆。

由于这个研究展示了偶然性奖励造成的行为偏差,伯尔赫斯·弗雷德里克·斯金纳教授(Burrhus Frederic Skinner)的小鼠变得和巴甫洛夫的狗一样人尽皆知。不确定性不会让人止步不前或者垂头丧气,相反,它会制造一种冲动,最后导致上瘾,以致一点点蝇头小利就足以打消任何放弃的念头。而且,由于奖励是随机的,实验主体没办法找到掌控机关的行为策略。

1990年,也就是万维网诞生的次年,斯金纳与世长辞。他没能亲眼见证自己的研究成果应用在大型数字平台控制用户行为的理论模型中。不过,他见证了这项研究在博彩行业,尤其是在赌场中的飞速发展。

各种商业活动都希望通过研究人的行为来改善其业绩。商家剖析个体偏好、研究顾客的行为习惯、记录用户反馈,以便更好地投其所好。大型卖场也不例外:他们不停地改进购物车型号(越大号的购物车就越能装),重新摆放商品的位置(利润高的触手可及,利润低的就摆远一点儿),并且为了提高顾客每次进店的消费额而重新安排既定路线(体积庞大的商品和生活必需品被摆放到购物路线的最后,给那些可买可不买的以及昂贵的商品腾出位置)。为了激发出足以压制自由意志的购买欲望,工程师们不眠不休,不给随机性任何可乘之机。然而,这些策略还是有两点不足之处。首先,观察结果反映的都是按照调查法选取的代表性群体的行为,并非个体行为;其次,即使超市费劲地营造"节庆"气氛,它毕竟不是奖励制造场,而是功利性的场所,这里充斥的个体思想(如精打细算和赶时间)往往与商家诱导消费的想法相左。超市能够通过培养消费习惯而生意兴隆,却培养不出真正意义上的成瘾。

赌场就不一样了,它们就是要完全靠随机奖励培养成瘾性,并且借此达到精神奴役的目的。从老虎机的调试到排列方式都经过了商家的仔细推敲。玩家看到身边的人中了头奖,会觉得自己离赢钱只有咫尺之遥,于是不由自主地冲动下注。上述这些还只是入门级的套路,心理学的全部知识都被应用到了赌博的“圣殿”。虽然人们对赌博引发的行为失常以及破产风险心知肚明,但是无奈赌徒就像透明箱子里的小鼠,被囚禁在险象环生的囹圄之中。

一些数字平台也利用了类似的机制。就像老虎机一样,它们是用随机奖赏来吸引用户注意的。虽然虚拟收益不值一提,但是数字平台有赌场所没有的优势。数字平台为完善系统所进行的行为学分析,建立在大数据和用户个人数据的基础之上,这就使得个性化的成瘾方案成为可能。虽然网络平台理论上都有年龄限制(开通Facebook账号要求年满15周岁),但事实上,它们的用户群更年轻一些。孩子作出理性选择和延迟满足的能力还没有发育完全。这种能力形成于大脑的前部(脑前额叶),它更倾向于长期利益。而另一个区域——纹状体和伏隔核——则更倾向于即时满足。选择行为会触发这两个大脑区域之间的较量。如果这类选择导致的刺激过多,孩子就会产生决策疲劳。这么一来,只要再有一点点随机奖赏的刺激,孩子就会对及时行乐的诱惑缴械投降。与此同时,即时满足还会触发多巴胺的分泌。这种让人欣快的分子会给原脑发送一个信号,让它想"再爽一回"。成瘾其实就是对多巴胺的依赖。

有一些手机应用会制造随机奖赏的效果。Twitter上杂七杂八的文本和Facebook上的"时间线"都属此类:它们良莠不齐,有用的和没用的搅在一起,或严肃,或荒谬,产生了老虎机那种时而掉5欧分,时而掉10万欧元大奖的随机效果。Tinder这类婚恋应用也不例外。用户手指滑动屏幕,让一个个档案从眼前闪过,然后标注那些"有戏"的。负责排列用户档案的算法原本可以像拆弹专家那样,一边收集用户的个人数据,一边向用户提供更符合他的推荐。问题是,结果变得可预测的同时,随机性就会减弱,那么用户使用应用的冲动也会随之减少,应用的用户平均浏览时间就会受到影响。因此,Tinder的人工智能采取了相反的策略:它让那些和用户选择相近的、有可能会吸引用户的照片和那些与历史选择差别较大的照片交替出现。这么一来,结果的随机性就保住了,用户也就一直处于"上瘾"的状态。所以,各大平台的推荐中会加入一些"新发现"，并不是单纯地出于拓宽服务范围或者帮助消费者从既往的消费习惯里走出来的考虑，"意外发现"还能够让搜索结果具有一些不确定性。当用户时而失望，时而惊喜的时候，离上瘾就不远了。

行为心理学在数字服务中的应用，并不限于随机奖赏体系。我们最常用的应用程序都建立在"自圆心理"、"决策疲劳"以及"心流理论"之上。借由这些手段，他们让用户在应用上每次停留的时间更长，并且希望用户完全放弃对这段时间的掌控。

俄国心理学家布卢马·兹格尼克（Bluma Zeigarnik，1900—1988）在1929年提出了他的"完成欲"理论框架，该理论一般被称为"兹格尼克效应"，又称"自圆心理"。根据该理论，如果给一个人一串相互关联、需要连续完成的事情，就能够制造出不满足感。这会督促人们彻底完成这一系列事情，只为获得完成时的满足感，并且个体会在这个过程中忽略自由意志。在整个任务链条中，各个步骤的价值变得无关紧要，因为只有在完成整个任务链之后，当事人方可获得解脱。像Netflix这一类的付费视频平台就是基于这种原理。电视频道的连续剧通过每周播放一集的节奏，来制造一种仪式感、一种习惯。这是一种微妙的定量配给。为了吸引回头客，它们既要让电视观众感到满足，又要通过未完待续的方式制造一点挫折感，为的是让观众继续追剧。这种连续剧无疑会大获成功，而 Netflix 本身基于人体工程学的界面设计，也建立在"完成欲"理论上，目的是将习惯转化为成瘾。内容的质量不重要，未完成的挫败感才是关键。视频之所以要连续播放，为的是防止其他刺激打断用户的依赖，而"自动播放"功能确保了下一个视频无须用户动手或表态就能播放。基于"决策疲劳"的理论，平台为用户提供了一个缓解决策疲劳的环境。用户被动地身处这个过量刺激的时空之中，任由它摆布。这种舒适感，最初只是让人觉得愉悦，但很快就会变得不可或缺，随后在大脑的控制区中占据有利地位。

匈牙利心理学家米哈里·契克森米哈赖（Mihaly Csikszent-mihalyi）的"心流理论"（Flow theory）[9]是网络平台常用的另一个心理—行为学工具，它尤其被广泛应用在那些画面简单的游戏上，譬如《糖果粉碎传奇》（Candy Crush）。算法为每一个用户都准备了不同的游戏体验，但这并不意味着游戏难度要完全贴合玩家的水平。关卡不能太简单，但又不能太难。游戏难度要做到不需动脑，由此产生的强烈快感要能让玩家从自己的现实环境和烦恼中抽离出来。它的界面看似动感，有各种得分和排名，但这并不是为了营造你追我赶的竞技气氛，而是为了让玩家们体会一种屏幕中的安全感。

　　我们画地为牢，沉浸在多巴胺中不眠不休。持续性的提示、被操控的被动、满足自恋心理的奉承和各种即时通知，控制了我们的数字生活。我们想要选择自由，想要那种掌控信息所带来的微醺和满足感，但沉迷网络的现实却窥伺着我们。数字工具原本应当解放人类，一如Google公司之前的口号"不作恶"。可是技术的发展却让我们在一条追悔莫及的路上渐行渐远。我们已经没办法毫无痛苦地抽身而出了。有一些数字企业领导声称"这并非我们本意"，然而事实证明并非如此。

第三章

数字乌托邦

"我们将在赛博空间中创造一种精神文明，它将比你们政府此前所创造的世界更人性、更公正。"

——《网络空间独立宣言》

梦碎时，梦想家会死吗？

2018年2月7日，时年70岁的约翰·佩里·巴洛（John Perry Barlow）在睡梦中与世长辞。这位自由意识形态的先知、数字网络的创始人一生狂妄不羁，却死得无声无息。

说起来也奇怪，人就是会在不同的事物之间作关联。也许因为发音节奏类似，每当提到约翰·佩里·巴洛，我们都会想到鲍勃·迪伦的《约翰·韦斯利·哈丁》（*John Wesley Harding*）这首歌——"穷人的朋友，持着双枪走遍了乡野，开过许多门，但从没听说他害过老实人。"巴洛具有亡命之徒的所有特质。《经济学人》对他的评价是"浑身上下穿着黑衫的他活似一个武装到牙齿的太空牛仔，惠特曼的文学传人"。他不断更换着自己的身份，一心想要活成卷帙浩繁的美国小说中的角色。他是怀俄明州的摩门教徒[10]、小肯尼迪[11]的牛仔、科罗拉多州的实习医生、《逍遥骑士》（*Easy Rider*）[12]风格的摩托车手、诗人、蒂莫西·利里[13]位于纽约米尔布鲁克[14]的庄园的常客、LSD瘾君子，他同时还是共和党候选人的喉舌、十分可疑的可卡因毒贩、神学院学生、名噪一时的作家，以及——他最重要的身份——鲍勃·威尔[15]的儿时玩伴。鲍勃·威尔是迷幻摇滚乐队"感恩致死"[16]的领袖，患有阅读障碍。"感恩致死"乐队之所以能统治旧金山湾区长达三十载，全仰赖其极端的即兴表演和迷幻药的加持。巴洛，这个忠于友谊、工作和计划的人，妙笔生花，曾为这支乐队写下许多不朽之作，如《卡西迪》（*Cassidy*）、《如雨》（*Looks Like Rain*）、《墨西卡利布鲁斯》（*Mexicali Blues*）、《一桶地狱》（*Hell in a Bucket*）……

巴洛的外貌显得饱经沧桑，透露着能言善辩的气质，精神上则带着摇滚贵族特有的骄傲。他乐意别人称他为"'感恩致死'的词作者"。我和他初次相识是2011年5月，在一次互联网"峰会"上。那一次，硅谷的各大门派齐聚一堂，开会地点却是在巴黎。爱丽舍宫[17]和阳狮集团[18]在杜乐丽花园[19]组织了一场声势浩大的"eG8"，互联网老板和所谓的文化产业老板们都是座上宾。当时，你可能会在巴黎歌剧院[20]的星巴克咖啡馆中，遇到正在低调用餐的Facebook创始人马克·扎克伯格。

会议上，众人辩论了知识产权的问题，但显然辩论双方并非势均力敌：参与者有法国文化部长、美国的电影巨头[21]、大型的发行商和唱片公司老板，他们都因为支持尽可能控制互联网以及互联网的用户策略而闻名。为此，他们不惜混淆复制和盗版的定义，忽视法律法规缺席在盗版横行中的责任，掩饰对网络供应商的定位不清，混淆必要的版权保护和20世纪以来的文化产业价值链保护两者的概念，尤其是他们确定了著作财产权大于网络个人自由的原则。因此，为了推翻这一切，我们找来了约翰·佩里·巴洛,这位1989年加入黑客社团的海盗。他跛着脚来到幕后。只见他留着大胡子,身材矮胖,穿着一身黑衣,斜倚在骷髅拐杖上,手里还拿着一瓶威士忌。他咄咄逼人、毫不退让,却又热情亲切,善于倾听。一位唱片公司老板和他打招呼:"您好,我也从事音乐事业,我们是同行。"他以嘶哑的嗓音回敬道:"不,您是卖塑料的,我才是做音乐的。"

巴洛是20世纪最后一个乌托邦的教父。他受"感恩致死"乐队粉丝团的启发,自IT业诞生之日起就对其投资。他不仅和《连线》(*Wired*)杂志[22]的创始人们交往甚密,还创建了电子前线基金会[23],一个旨在与所有阻碍数字自由的力量作斗争的团体。

巴洛是个彻头彻尾的极端自由主义者。出于对国家的由衷反感,他经常与无政府主义者以及共和党右翼来往。他鄙夷那种试图把万维网收归国有的做法,于是在1996年2月8日起草了数字乌托邦的奠基之作:《网络空间独立宣言》。赛博是一个"无处不在又无处可寻"的世界,既没有领土,也没有物质实体。在这片"国土"中,唯一的原则就是无限制的访问和不设限的言论自由。这篇出于对《电信法案》颁布的愤怒而撰写的《网络空间独立宣言》,很快吸引了成千上万的支持者,一跃成为所有数字自由的追随者、黑客、发明家、科技迷和思想家的宪章。

托马斯·杰斐逊在《弗吉尼亚笔记》(*Notes on the State of Viginia*)里的名言——"只有谬误才需要政府的保护,真理自己就可以站得住脚。"——被当作网络空间的座右铭,传达了网络世界初创时的信条。这一信条由于太过幼稚,最终没能避免过时的宿命。它彻底反对任何可能限制集体自由的干预措施,如今完全赞成这个主张的人虽已不多见,但它仍然是早期数字梦想的脊梁。

《网络空间独立宣言》以未来的名义,拒绝一切权威:"昨天,一位白宫的无脊椎动物签署了《1996年电信法案》。该立法试图对网络空间的交流施加严酷的限制,甚至超过了参议院餐厅里的言论管制。这项法案是一群完全不知道我们是何许人、对我们的对话一无所知的人强加给我们的。这就好像是文盲给你开书单一样荒唐。既然如此,就让他们滚远点吧。"

接下来是坚信数字化发展会带来更好的人类文明的实证主义声明:

"工业世界的政府,你们这些令人生厌的肉体和钢铁巨人,我来自全新的精神家园——赛博空间。以未来之名,我请属于过往的你们离我们远点。你们不受我们的欢迎。在我们的地盘上,你们不享有主权。网络空间不在你们的疆土之内,不要以为你们能构建它。它是自然的产物，是我们集体活动的结晶。赛博空间由交换、关系和思想本身组成，是我们交流网络的驻波。我们的世界无所不在，又无处可寻。它不是肉体生存的地方。你们关于财产、表达、身份、迁徙的法律一概不适用于我们。这些概念需要物质基础，而这里没有物质。

"我们相信，我们的秩序将诞生自道德，以及开明的利己和利公。你们被自己的孩子吓得够呛，因为他们是这个新世界的土著，而你们永远都只是这里的移民。你们的工业日薄西山，靠着推行各种法律而苟延残喘。你们声称思想不过是另一种工业产品，并不比生铁高贵。而在我们的世界中，人类思想所创造的一切都毫无限制、毫无成本地复制和传播。思想的全球传播不再需要你们的工厂来完成。

"我们将在赛博空间中创造一种精神文明，它将比你们政府此前所创造的世界更人性、更公正。"

二十多年后，《网络空间独立宣言》好像垂死恒星散发的光芒，它见证了某种闪耀过却不复存在的东西。它的气息却传达着一种比单纯的技术实证主义更高级的希望。

在巴洛的遗作《美国母亲之夜》（*Mother American Night*）中，他讲述了高中时对德日进近乎狂热的崇拜。"十五年来，我在旅途中一直思考他的作品。忽然，我想明白了。自从1844年塞缪尔·莫尔斯发出第一封电报以来,德日进的梦想正在变成现实。"传说第一封电报上写着"上帝造了什么?"这个问句。对于巴洛而言,德日进的文字超越了时空,预言了电子革命。

巴洛将德日进看作数字时代的先知,尤其是对"全球电子链接"(Whole Earth'Lectronic Link,WELL)社区而言。后者是由斯图尔特·布兰德在1985年创立的一个非互联网的通信工具,聚集了法国耶稣会[24]门徒中的黑客和知识分子。

德日进(1881—1955),著名的哲学家、神学家、科学家和古生物学家。他的进化理论结合了科学和精神。这套理论不仅涉及生命有机体,还涉及物质、思想甚至心灵。他用启示录的方式区分了演化的三个阶段。第一个阶段是地质演化,也就是地圈。第二个阶段是生物演化,或者叫作生物圈。而思想的演化产生了普遍意识,或者叫作智慧圈[25],它散发着全人类的智慧和知识之光。对于德日进来说,这是启示录的最后一个阶段,智慧圈将通往永恒的基督圈。

简言之,德日进想要创造一种普遍的地球意识,把所有的知识领域连接起来。这种信仰以科学为载体,覆盖了现象、心灵和信仰。在地球层面,智慧圈是人类大脑互联的结果,它叠加在任何其他组织形式之上,共同构成了地球甚至是宇宙的精神。

对于巴洛和他的追随者来说，智慧圈这个世界思想网络，这个共享的信息和知识系统，这个有自我意识的集体精神，就是互联网。这个发明将会颠覆人类的命运，把我们带进一个新的阶段。

持有这种信念的人凤毛麟角，但这一信念却激励了包括我在内的一大批数字乐观主义者。我们认为，向所有人提供无限信息以及建立共享经济，是迈向更大的文明阶段的一小步。它给人们灌输了这样一个想法：这个过程是命中注定的，是自然的，巴洛甚至可以用"神圣"来定义它，任何外部干预都只会破坏它、摧毁它。直到市场的无形之手被网络之手取而代之时，我们还不知道，一个市场会取代另一个市场。

在长达十五年的时间里，《网络空间独立宣言》和智慧圈的梦想已经渗透到数字经济发展的各种理论中，而且在某些流行文化的想象世界中蓬勃发展。

2009年，詹姆斯·卡梅隆的电影《阿凡达》讲述了在遥远的潘多拉星球上的一次太空探险。人们在有毒的大气中无法存活，于是不得不把意识注入一个特殊的生物体。这种生物体结合了人类的DNA和潘多拉居民Na'vi的DNA。这是一个生态学和数字理想主义共存的寓言。

在另一个领域的例子还有群体智慧理论，以詹姆斯·索罗维基（James Surowieck）[26]为代表人物，该理论认为"一人不敌众人智"。这种理论最著名的一个例子是根据照片猜测一头牛的精确体重。大量的参与者联网进行互动、相互纠正错误、提出假设、贡献自己的经验，最终的结果蔚为大观：猜测的数字和牛的实际体重只有几克的误差，任何个人的猜测都无法与之相提并论。这一案例的目的不在于通过反复估算得出这头牛的可能体重，而是提出了一种假设：和经济学上"劣币驱逐良币"相反，网络具有修正自身错误的神奇功能。这种"自我更正"功能是互联的内在性质。为了达成上述这种集体智慧，网络应该纯洁而完美，没有摩擦、没有技术误导、没有操作者的干预、没有法律问题带来的失真、没有用户之间可能存在的歧视。完全的平等加上绝对的自由即可带来全民智慧。

二十年过去后，结论出来了：大众依然如故，然而承诺的智慧却不见踪迹。对屏幕的上瘾、无休止的公共辩论、公共空间的两极化、条件反射践踏冷静思考、辩论广场摇身一变成为斗兽场。这就是我们的时代——这是最美好的时代，也是最糟糕的时代。

最初的乌托邦正在逝去，它死于自己催生的怪物。两种被自由主义者忽视的力量——个体激情带来的集体疯狂和数据积累带来的经济力量——如入无人之境般席卷了世界。我们的数字成瘾，只不过是这两种力量相结合的结果，而我们的经济上层建筑使得两者相互依存、彼此加强，代价就是——我们的自由。

第四章

忏　悔

我们没什么好忏悔的。我们遭到了背叛。

　　数码智慧圈的信众们纷纷把大业押宝在理性和共享之上，期望借此形成某种集体精神。可惜他们的乌托邦破灭了，取而代之的是一个无序的世界。幻想破灭了的不只数字世界的信众，还有数字乌托邦的缔造者。他们中一些人的愧疚正在形成一种新的话语，这种话语的信号虽然微弱，音量却逐渐增强。与此同时，像Facebook的创始人扎克伯格这样的代表人物，即使面对一系列指控[27]，依然毫不质疑自己公司的性质。

　　这群新的"忏悔者"用坦白代替了悔恨，用忏悔代替了辩解。目前看来，"我们究竟做了什么"这种质疑之声仍然稀缺。况且面对硅谷数十亿计的证券市值，四十亿互联网用户，数十亿的短信、上传的视频和推文，众声喧哗之中，质疑之声显得细若蚊蝇。不过，我们终将要面对质疑，接受审判，无非是时间早晚的问题。

　　游行开始了。一群百万富翁组成的游行队伍公然鞭挞自己的财富来源，意欲借此提醒公众注意其昔日作品早已面目全非的事实。他们安排子女就读于不联网的学校、禁止子女使用自己的发明（iPad的发明者，将自己的作品拒于家门之外）。他们中的大多数都直言网络对于人类精神的毁灭性损害。譬如，Facebook的前总裁肖恩·帕克（Sean Parker）曾公开坦称："只有上帝才知道我们正在对孩子们的大脑干什么。"此外，他还供认其任职的社交网站利用了青少年的心理弱点。持同样观点的还有Facebook出身的风投家和资产管理专家查马斯·帕里哈皮蒂亚(Chamath Palihapitiya)，以及Facebook"点赞"按钮的发明者贾斯汀·罗森坦(Justin Rosentein)。

特里斯坦·哈里斯(Tristan Harris)以更个性化的方式参与了这场运动。这位Google的前伦理设计专家负责设计一套交互系统界面，目的是保障用户的自由意志[28]。他率先指出自己被委任的工作与公司固有的运营模式相冲突[29]，无法调和。他在《经济学人》旗下的《1843》杂志上称："科技巨头们的真正目的在于利用用户的心理弱点，从而让人们上瘾。"

从此以后，这些忏悔者聚集在以他们的计划命名的协会当中，例如"珍惜光阴"协会、"人道技术中心"。他们的活动也越来越显得雄心勃勃。譬如，2018年2月组织的"技术的真相"会议旨在揭露社交网络算法的真相，矛头更是直指Facebook。没人知道创办了Instagram的凯文·希斯特罗姆(Kevin Systrom)和迈克·克里格(Mike Krieger)是否会加入忏悔者的队伍。这个照片、视频和"限时动态"发布平台在2012年被Facebook收购，而两个创始人却和扎克伯格分道扬镳。这件事情，即使在躁动不安的硅谷，也引发了一场轰动。

· 创始人

不知道上帝是否后悔自己创造了世界。但是互联网之父蒂姆·伯纳斯·李公开地表达了他的悔恨之情。他是新的反对派中最有象征意义的人，也是最活跃的人。他发起了一个"万维网基金会"(World Wide Web Foundation)以图大业。在2018年7月接受《名利场》(Vanity Fair)[30]杂志采访时，他说："我们如今知道，万维网失败了。它本该服务于人，但没有做到。Web的中心化越来越严重，导致大规模反人类的现象。而这并非万维网设计师的初衷。"

伯纳斯·李的故事已经为人所熟知了。他是两个程序员的孩子，在伦敦长大，在编程方面很有天赋。他很早就致力于开发知识共享的系统了。"询问一切事物"[31]是他最早的作品之一，足以体现创造者的个性。1989年，他在日内瓦的欧洲核子研究中心工作期间，出于科学研究的目的编写了一个工具，用于科学家们互相交换研究成果。两年之后，他在一间教室里首次展示了这一工具，然而，听众的反应是不失礼貌的漠然。于是，始于美国的防御网络"阿帕网"[32]的万维网诞生了。但真正带来数字革命的，是将超文本链接（即把数据和文件结合起来）

和互联网相结合的这一决定。源代码的开源使万维网成为一个交换和共享的平台,对民主的渴望迅速超越了网站的技术框架,应用到了社会的方方面面。

从诞生之日起,互联网的完善和发展就是建立在普遍免费准入和用户集体协作的双重原则之下的,其效率不可估量。由于没有中央政权,所有人都能够按照自己的想法做出有利于这个世界性万维网的发明创造:无须授权、无须执照。个体完全无惧网络,计划的成功与否,似乎更取决于当事人的天赋、灵感和信念。天才学生在加利福尼亚的小破楼里创造出硅谷最伟大公司的"车库神话"屡见不鲜,而互联网初期的历史也验证了这一神话。既然是神话,就很难不被和宗教故事(马厩)或者流行文化的缔造者(摇滚乐团)联系起来。正因如此,"车库神话"才会流传下来。

万维网早年建立在联网权利均等的基础上,即每一个用户都有权访问所有信息和知识。在这个去中心化的系统中,每个成员都似乎享有同等的权利。然而今天,一些用户成了监视者(政府也好,对数据垂涎三尺的公司也罢);而其他人成了被监视者。绝对的平等衍生出了前所未见的不对等关系。正如伯纳斯·李所说:"没有人偷东西,但是垄断和积累的确发生了。Facebook、Google、Amazon(亚马逊)和他们的情报机构正以一种前无古人的方式操纵和监视着所有人。"

发明者看着自己的产品一天天长大，如今却不认识它了。这是怎样的宿命！更让伯纳斯·李揪心的是，互联网的另一位"联合设计者"文顿·瑟夫（Vinton Cerf）成了Google的"数字布道官"。伯纳斯·李所设想的那个公共空间如今已经私有化了。当年的一些先驱，如今已经变成了扩张主义者，他们收购了同行的产业，建立起自己的数字王国。

伯纳斯·李试图用一个去中心化的互联网去重建原先的乌托邦，于是创建了Solid[33]。这是一个由小型IT团队协作构建解决方案的系统，而不必经过那些插足我们生活的平台。昔日的自由主义者如今变成了抵抗军。当年打下的江山，如今要再打一次。

伯纳斯·李鞭辟入里地说出了在微光屏幕前彻夜难眠的我们难以言表的感受：昏暗中，手机提示音频频响起，重要的或者微不足道的信息，就如同医院里的点滴一般，维持着我们孤独的互联网生活。

• **背叛**

我曾是数字乌托邦的信众。

我并不孤独。我在数字领域工作至今已有二十余年，以最微不足道的方式参与这场让信息、文化和知识随时随地触手可及的革命，为这个鼓励民主辩论的开放广场唱赞歌，为一种团结共享的经济添砖加瓦。

我仍然对此深信不疑。

"忏悔者的舞会"固然引起人们的警醒，但同时也滋养了宿命论。它让人们相信数字平台至高无上，由数字机制和数字经济构成的数字宇宙无法逾越。这种情感让人陷入一个无法回避的两难选择之中：要么接受对它的依赖，要么和数字产品一刀两断。

以世界网络交换与共享之名去战斗的时机已经成熟。如若不然，巴洛的死就只是给那场自由主义的互联网之梦添了一铲棺材土，而赛博空间也将对冒险家们关上大门，成为商人们的聚集地。

我们需要弄明白究竟发生了什么。

没有任何一个千禧年诅咒或者技术决定论能够解释当前

正在发生的事——共享社会被数据积累取代;开放辩论被情绪化的冲突取代;本应协作的社群沦为被监视的社会。我们的处境是自由放任的经济造成的,原因是我们将经济自由与政治自由混为一谈了。自由主义者希望通过个人和集体的言论自由来实现政治解放,然而他们却成了注意力经济中科技资本主义强权的见证者。

我们没什么好忏悔的。我们遭到了背叛。

第五章

矩阵革命

注意力经济的一个不可调和的悖论是：一边承诺帮助网络用户节约时间，一边却在攫取他们的时间。

流行文化告诉我们，每一个帝国都有它的"黑星"。

三十余年来，数据帝国的黑星一直是硅谷的脊梁——斯坦福大学。这个孕育数字技术的摇篮，将其广阔的校园坐落在旧金山以南五十千米处的帕洛阿托。它的中心地带是斯坦福纪念教堂，一座由拱廊和马赛克组成的教堂。教堂几米开外，是一个视野开阔、风格现代的普通建筑，这就是创立于1998年的"劝导技术实验室"（Persuasive Technology Lab）。这个名称浮夸、让人隐约不安的实验室，由年过六旬的计算机博士B. J. 福格(B. J. Fogg)和他领导的工程师和学生团队组成。

福格个性古怪，只接受别人用他名字的开头字母称呼他。他的发音里带着自信的加州腔。他有着典型美国西部白人的外貌：体型健美，偏爱格子或纯色衬衫，带着无可挑剔的微笑。由于习惯了公开演讲，他说话的方式十分模式化。他在弗雷斯诺的一个摩门教家庭中长大，在发表关于"超凡魅力的计算机"的博士学位论文后开始小有名气。他的论文表明，计算机展现给用户的平面设计、界面设计和语言，与它传达的信息一样重要。也就是说，传递信息的语境是信息本身的一部分。人和电脑屏幕之间的联系远比人和简单工具之间的联系复杂。

论文答辩之后，福格筹到了在斯坦福大学开设实验室的经费。在那个还没有社交网络、网页外观千篇一律、用户仍然需要通过门户网站或者直接输入电子地址才能访问网页的年代，福格实验室的目标是：开发与其博士学位论文研究方向相符的界面。十年过后，福格成了《财富》(Fortune)杂志中的"你不可不知的新一代精神领袖"，这个"百万富翁制造者"培训出多个硅谷独角兽公司（价值超过十亿美元的公司）的领导者，Instagram的创始人就是个中翘楚。由于爱面子，在Facebook被爆出操纵和监视用户之后，福格开始变得谨言慎行，甚至不惜修改业务报告，以及在劳动福祉学术研讨会上频频露面。不过，就算改变言论，他实验室产品的性质依然如故。

"我研究计算机如何改变人们的思考和行动的方法，"他解释道，"以及如何让计算机自主地做到这些事。我说的计算机，其实是所有的数字化体验。"福格喜欢用两个圆圈来说明问题。一个圆圈里列举出人类行为：习惯的改变、行为动机、操纵和自愿服从。另一个圆圈里列出的则是数字技术手段：手机应用、虚拟世界、数字服务和软件，等等。让这两个圆圈的内容相互靠近、直至重合，这就是"劝导技术实验室"的使命。他们还给自己的技术起了一个学术名称——"计算机劝导技术"（captology），即吸引用户注意的艺术，不管后者愿不愿意。

这个实验室的技术让我们全部沉浸在一场没完没了的"数字青春期"里。正是对青春期孩子的行为观察给实验室带来了

"劝导技术"的灵感。福格解释说:"青少年会被竞争完全吸引。"根据他的分析,青春期的孩子热衷攀比,喜欢各种衡量表现的指标(如得分、等级、成就)。但是,这一切都要在游戏世界的保护之中,隔离于真实的生活之外。没有切实后果的竞争能够创造出一种成就感的假象,让人觉得触摸屏里的世界要比我们周围的真实世界更令人心满意足,因此也更诱人。这就是"劝导技术实验室"的研究方向。

数字平台若要增加吸引力和吸引用户的注意力,"其关键不在技术层面,而在心理层面"。福格手下的工程师开发的数字界面主要作用于三种不同的行为要素:动机、熟练度(完成任务的能力)以及触发机制。最后一点中包含了社会性的要素。根据利昂·费斯廷格(Leon Festinger)[34]的"社会比较理论",这个触发因素可以是希望与他人在表现上一较高低的意愿,但也完全可以源自恐惧。人天生有一种社会性的恐惧,害怕自己在那些亲朋好友都能达成的成就上失败。这种焦虑往往和因无知而被孤立的恐惧并驾齐驱。有一个英文简称能描述这种心理,即 FoMO(Fear of Missing Out)——"错失恐惧症"[35]。

"劝导技术"的应用场景就是人机交互界面。而图形界面作为其中的主要产品,其衡量标准是数字服务用户有意或无意在应用上投入的注意力多少——访问量、访问时间和互动数量都是测量指标。这些界面，就是占领人类时间的数字工具。

这种技术强调体验，理应合乎伦理标准。然而劝导技术的表现只能在经济模型中得以量化，而后者的营业额完全取决于线上访问时间。那些靠广告为生的线上平台使用的就是这种经济模型，也就是我们所泛指的"注意力经济"模型。

在帮助人类大脑争分夺秒这件事情上，图形界面（或者叫"用户体验设计"[36]）已经变成一种非常有效的经济武器。尤其在"将习惯转化成瘾"这一点上，和自由意志最背道而驰的莫过于以建立依赖为目的的设计——"暗黑模式设计"（Dark Design）。这种设计旨在入侵大脑，被互联网巨头们当作一种竞争手段，如同开展一场军备竞赛。技术界的另一个"忏悔者"比尔·达维多（Bill Davidow）[37]曾经在《大西洋月刊》[38]上一篇题为《探索网瘾中的神经科学》（*Exploiting the Neuroscience of Internet Addiction*）的文章中解释道："这些大型数字网络公司面临一个有利可图的选择，却不免受到良心的拷问：他们要么利用神经科学寻求更大的市场份额，赚取巨额利润；要么任由竞争对手抢夺市场份额。"

数字文明建立在对数据的收集和使用上，其中的资本主义就是"数据资本主义"。个人数据——经常被比作未来经济中的石油——对各行各业都不可或缺。而对那些有本事占有数据、"提炼"数据并形成算法的公司来说，它还能带来极大的财富。然而，这种"数据石油"在最原始状态下的使用只有一个目的：解读用户行为，以便更好地预测甚至影响用户行为。这种使用有两个用途，如同硬币的两面：对权力机关而言是监视；对注意力经济而言是诱骗用户的时间。"钻探"这种数据石油，用安德烈·布勒东（André Breton）[39]的话来说，就像一场"时间淘金热"。

· 时间淘金热

技术剧变之后，几十亿的世界人口都能够通过数字工具进行创作，传播文字、声音和影像。剧变带来的结果是信息爆炸。互联网催生了各大平台，使得除法律条款外的其他创作都不再受时空限制。网络平台的效率取决于用户的数量和用户之间无"摩擦"的互动。对大型网络来说，确保最多的人在最短时间内毫无障碍地交换最多信息是效率的保证。所有人都能创作，全世界的人都能阅读、观赏和聆听这些创作的总和。数字宇宙在不断地膨胀，然而我们的闲暇时间却不是，至少从理论上来说还不是。

社会学家哈特穆特·罗莎（Hartmut Rosa）[40] 提出了"社会加速"的概念，用来描述社会在面临技术进步，尤其是数字进步时的变化。他强调，工业化、大量生产以及财富的特定分配（通常是通过交锋和协商获得）理应带来全社会空闲时间的增加。经济增长往往伴随着空余时间的增加。他指出："当一个世界摆脱掉了有限的光阴和疯狂的节奏，从时间中解放出来的时候，就会把这种稀有物变成一种丰富的资源。"伯特兰·罗素（Bertrand Russell）[41] 在《闲暇颂》（1932）中说："经济富裕带来的好处之一，就是一种闲散、和谐的生活方式。"以至于到了1964年，《生活》（Life）杂志[42] 开始担心人们空闲时间过剩，从而对美国文化造成影响，导致一些心理问题（诸如抑郁、无聊之类）。

然而事实却相反。罗莎的"社会加速"概念正是为了解释这个现象，他强调："虽然我们总是在节约时间，但是我们还是没有时间。"我们的社会是有时效性的，其经济结构无法建立在一成不变的速率之上。生产需要我们加速消费，然而最富裕的人群比例并没有增加。这么一来，时间就变成了最紧俏、最宝贵的资源。我们现有的经济增长就建立在对时间的攫取上。

在《对话》（The Conversation）[43] 发布的一篇文章中，法国经济学家雷诺·维涅（Renaud Vignes）分析了时间资源的紧俏程度，以及人们为了攫取时间所投入的大规模经济、技术和心理手段。个人时间和社交时间不再是不可侵犯的领地，它成了数字革命后的现代技术资本主义赖以生存的资源。我们有两个办法来"节约时间"：一方面是减少日常活动的必要时间；另一方面是通过让用户同时做多件事来提高生产力。"用更快的速度同时做几件事，这在现代经济模式下不可避免。"由于稀缺，时间的价值与日俱增。与此同时，从时间里榨取出来的财富唯有超过时间的价值，才能维持这种模式的发展。

维涅提到了经济学家加里·贝克尔（Gary Becker）[44]。在后者看来，数字消费者的行为可以被理解为在有限的时间长度里最大化地消费商品和服务。每个消费决策都可以用方程的形式呈现出来，而商品的价格，以及消费过程所"浪费"或者节省的时间都会被纳入考量。"消费者也可以根据商品和时间的相对价格，组合不同的时间和花销，借此获得满足感。"对于消费者来说，节约时间的重要性甚至可能超过他希望购买的商品或者服务。社会加速不可避免地会带来时间的增值，以及人们对时间的偏好。与此同时，商品的价格则会下跌。

数字经济依附于对时间的经济掠夺。自由主义者们曾经梦想建立共享经济，而实干家们则把它变成了诱导经济。

算法无非是一些数学公式,是对大型数字平台上收集的海量数据的智能呈现。对数据的利用必备三个要素:速度、数量和多样性,这三点与科学知识结合就能够创造出人工智能。互联网巨头们选择以营利为目的,左右人工智能的方向:掠夺用户的时间,再把它卖给广告商和数字服务商。这个方向只是一个经济选择,并非技术需求。

身份、行为和环境数据被结合起来,用于分析、复制、预测和影响用户行为。预测算法是生产时间的机床。它们越了解用户行为,就越能够让用户在面对数字刺激时形成条件反射,进而设计出那些让人们上瘾的平台和服务。

• 算法——时间捕手

数字经济不能简单地理解为注意力经济。不过数字经济中最明显、最司空见惯的部分隶属于注意力经济,这点毋庸置疑。比如,我们日常生活中最为常见的人工智能算法就在操控我们面对屏幕时的一举一动。哲学家贝尔纳·斯蒂格勒(Bernard Stiegler)[45]甚至用"人工愚蠢"来指代这些算法,因为它们不需要特别复杂，主要目的不过是在我们行为改变的过程中，对那些起决定性作用的心理原动力施加影响。这批最早的人工智能旨在确保用户一直在线，尽可能多且频繁地与其互动，并且听从它们的推荐。根据哲学家埃里克·萨丁（Éric Sadin）[46] 的说法：“人工智能是一种技术理性，旨在优化所有的情况，满足各种私利，最终造成功利主义的盛行。”人工智能传达的是“数字产业常伴我们左右的意志，通过告诉我们什么最好，从而改变我们的行为”。

· 不可能实现的平衡

注意力经济的一个不可调和的悖论是：一边承诺帮助网络用户节约时间，一边却在攫取他们的时间。这是一个永不终止的恶性循环：人们为了生产更多的时间而耗费了更多的时间。这个生产过程与一种剥削机制结合，使得我们对征服、加工和生产时间的数字工具产生依赖。哲学家韩炳哲（Byung-Chul Han）[47] 在《在群中：数字媒体时代的大众心理学》（*Im Schwarm : Ansichten des digitalen*）[48] 一书中提到的“自我奴役”，说的就是这种依赖关系。

　　这种生产机制能否产生附加价值,使生产出的时间大于投入的时间,这点仍然颇具争议。这其中似乎蕴含着一种永久的失衡。其过程无异于杀鸡取卵:注意力经济越是开发数字工具,对用户可支配时间的攫取就会变得越困难,原因是用户疲劳。毒瘾已经无数次向我们证实,如果想保持同样的快感,就必须加大剂量。劝导技术工具也是一样的原理:如果它们想继续施加影响,提升业绩,就需要加大对用户的刺激。对注意力的攫取就如同开采一处露天矿场——矿井挖得越深,继续开采的难度也就越大。而数字用户就像时间矿井下的矿工一样,处境越来越危险。

　　疯狂的提示音让我们一直处于警戒状态。不仅大型活动有提醒,就连小型活动、虚拟活动和没有活动都有提醒。社交网站就是这么回事:原本消息提醒是为了显示好友的动态,到后来,连没有动态都会收到提醒。在对注意力的掠夺上,数字工具可谓无所不用其极。

第六章

脱　轨

仅凭着一个用户协议，我们摇身一变，成为供数字工具挖掘的露天矿藏。

事情的发展让我们始料未及。

曾几何时，互联网也有编号。就像给建设中的明日世界标上建造年份一样：Web 1.0版本时代，做到了信息互联、门户合流。到了1999年，2.0版本开启了个体之间的互联。未来之路已铺就：3.0版本将用语义网络沟通知识，4.0版本将沟通智能。这时，一个意料之外的"岔道口"出现了，引导我们偏离了轨迹。互联网的新版本将不再是语义学的，而是由注意力经济描绘的。

• 被告

十年前，Facebook创始人兼执行总裁马克·扎克伯格只有在会见国家领导人的时候才会换掉他的连帽衫。如今，他却总是西装革履地出现在各大杂志的封面或美国国会的听证会上。他已经从电影《社交网络》里的天才极客沦为了一个被告人，一个为自己作无罪辩护的被告。

2018年7月，扎克伯格在Recode[49]的专访中贡献出了他最为真挚的发言。访谈中提到美国独有的政治框架，以及美国宪法第一修正案，该修正案保护了包含商业信息在内的言论自由。扎克伯格称："Facebook不从事判断真假的业务，我们的工作遵守两项基本原则。首先，是要给人们一个发声的工具，让人们能够表达他们的观点，这也是最根本的一点。其次，我们保护人们说话的权利，即使他们说的是错的。"不过，访谈中也不乏硅谷式的布道，主要包含三个主张：科技给予人们更大的自由，因此它本质上是善的；但是，它有可能被不怀好意的人扭曲本质；一旦发生这种事情，科技一定是解决之道，而不是政治。"我承认我们太过理想主义了，一心想着把人们联系起来并且赋予他们言论自由所带来的好处，却忽视了可能带来的后果。但是，我不想让人们误以为我们没有在安全方面做足功课。事情发生前，我们甚至有几千个人专门从事网络安全工作。"

Facebook的老板在他一次又一次的辩护中对其公司的商业模式只字不提，就好像他的平台变成现在这样与他毫无关联。不过，我们都对改变Facebook命运的决定性的时刻了然于心。2008年，扎克伯格的公司从Google那里挖来了雪莉·桑德伯格（Sheryl Sandberg）。后者毕业于哈佛大学，曾在世界银行、麦肯锡公司和美国财政部任职。她给Facebook带来了她在Google练就的才能：定向广告，以及"Adwords"关键词广告业务。

　　2000年，Google在搜索引擎的基础上开始发展广告业务。这是因为，在当年4月的第一波互联网金融泡沫破裂之后，Google急需创造新的营业额。于是，在"现成"的搜索结果旁边放上些许商业链接，似乎是一个合乎逻辑的决定。

　　从2010年起，硅谷的两大巨头，同时也是如今占用我们时间最多的两家公司，开始共用同一套商业模式：根据用户的个人数据定向投送广告。事实证明，这个符合逻辑的决定效率惊人。到2018年，Google和Facebook的所有广告业务在数据和算法的加持下，实现了全自动化，Google和Facebook吸收了75%—80%的新广告业务，两家公司赚得盆满钵满。以美国为例，44%的广告收益都是由数字服务带来的（2000亿美元广告收入中的900亿美元，其中的一半都进了Google和Facebook的腰包）。原本用来支持科技业务的商业模式如今变成了主业务：Facebook400亿美元的年营收额中，有98%都来自定向广告业务，Facebook的胃口因此越来越大。

• 误解

新闻媒体（尤其是报纸）和数字平台之间的对话，可以追溯到互联网诞生之初——网络先驱者的时代。我亲历其中，因此有发言权。当年人们关注的焦点依然是信息共享所带来的科技眩晕感和政治理想。因此，当Google于1998年成立后——首先作为搜索引擎公司，而后作为"整合全球信息"的服务公司——新闻媒体和数字平台之间就建立起了对话，并且从未中断。当然，每个公司都有其风格。Google在与新闻媒体对话中的主导意愿并不明显：他们希望成为报纸及其他媒体"数字化迁徙中的唯一通行证"。而处于创业初期的Facebook则更为年轻气盛，只想把新闻媒体变成自己的供应商。

不过，在这个新建立起的关系中，除合作共赢的承诺外，还有合作双方对彼此竞争关系的笃定。用当年的话来说叫"亦敌亦友"，既是伙伴又是对手。人们虽然鲜少提及主要互联网企业和新闻媒体之间的拟态现象[50]，然而这一点却是显而易见的。

· 抓不到的蛋糕

互联网巨头们在股票估值和赚快钱的压力下，走上了模仿报纸、广播和电视等新闻媒体的路。传统媒体都以广告为生，其中纸媒60%的收入、免费广播电视100%的收入都来自广告。数字平台为规避行业规范拒绝承认自己是媒体，却照搬了新闻媒体的商业模式。

有两点减轻了信息从业者的竞争焦虑。首先，数字平台确保了用户数量以及上网时间的增加，能够带来新的广告商机；其次，这个新蛋糕如此之大，以至于人人都能分到一杯羹。这个天真的想法完美地契合了一个非功利的愿望：突破经济障碍，让高质量的信息在全世界都触手可及，以此为思想的多样性和民主的腾飞做出贡献。上述这个过程，就是现代新闻业发展的历史重现。广告带来的收益增加了现代新闻业的发行量，不仅让后者成为大众媒体，同时也造就了它的"现代性"。以日报为例，为了扩大读者范围，它们不得不覆盖大量主题，这就促进了文字的通俗性和职业道德的完善。有了严苛的行规，报纸即便要靠广告客户来养活，也必须将新闻内容和广告区分开来。

然而，利用广告赞助使全球新闻媒体更加繁荣的美好愿景，在其理论架构阶段就被互联网巨头带来的巨变摧毁了。对于信息提供者而言，数字平台变成了"伪钞制造机"。互联网巨头虽然使媒体的读者数量上升，但是这些读者却在"贬值"。原因很简单：在数字时空中，用于出售广告的空间是无限的。因此，价格势必持续下降。

• 新的领土

既然空间不好卖，那么就卖时间吧！在这一点上，电视和广播早就是个中好手了。用美国法学教授吴修铭（Tim Wu）[51]的话说，广告是"攫取人类注意力的工业化手段"，只占用电视节目表的有限时间。甲广告赢得一段时间，乙广告就失去了这段时间。因此，广告商们在不可压缩的时间中展开激烈角逐。

为了增加广告收益，互联网巨头们不得不开辟新的战场，研制出他们独有的武器，进而获得决定性的优势。这个新战场，就是那些被琐事占据的时间（如通勤和等候的时间），或者那些十分重要的活动时间（如学习、工作、私人生活、社交生活、休息的时间）。他们的独门兵器就是分析用户数据，从而获取用户的身份和行为。这衍生出了数据服务，也就是以用户数据交换服务的业务。于是，Google 很快就可以知道我们是谁，而 Facebook 则出卖了我们的工作和爱好。这种新战场和新兵器的组合，催生出了注意力资本主义，这种资本主义又立即引领了很大一部分人工智能的设计。

算法能够借助网络效应和收集到的海量数据，将各大平台的全球感染力和用户的个人喜好完美结合，整个机制形成了一个自给自足的闭环。用户数目的增加和数字服务的不断进步，使得海量数据的提取成为可能。随后，这些数据的使用和搜集会越发精准，最终实现两个目标：广告的精准投放，以及数字服务使用量的增长。

这样一个闭环带来的高效率，使得定制"广告杠杆"成为可能。哲学家伊夫·西顿（Yves Citton）[52] 把广告杠杆分作四类：（1）侵入我们大脑的信息或者提醒，用来捕获我们的注意力；（2）各种奖赏，用来吸引我们的注意力；（3）娱乐性、爆炸性或者严肃的信息，用来影响我们的能动注意力；（4）害怕错过重要信息的错失恐惧症，引起我们的排斥注意力。

• 黑洞

对数据的掠夺不仅仅改变了线上广告的性质,还改变了线上的社交形态。它重组了互联网生态,并不停地要求我们对刺激作出快速而肤浅的回应,而这些即时反应又强化了心理冲动和情绪。这造就了一个变化无常、即时响应的时空。它从不满足,因此十分脆弱。

互联网巨头们无意间构建了一个一网打尽的经济秩序。为了征服时间,他们必须把所有对象以及所有用户制造的所有数据都握在手中。从此,所有的内容都被当作广告来对待。Facebook就是一个极端的例子:任何一个用户只要登录他的账号,就会看到一系列完全被算法所支配的内容,被称为"动态消息"(Newsfeed)。算法一方面考虑用户对这些内容的个人偏好指数,另一方面也要考虑到发布和推送这些内容的赞助商付的钱。Facebook让广告、工作信息、新闻、政治消息和假新闻泥沙俱下,既不区分接收者,也不区分推送者。

信息提取仍在起步阶段,然而我们已经有理由担心个人数据的归属问题,以及它们被用在何处。如果说个人数据的积累能够造成垄断,导致全球经济失衡的话,那么它的应用则会影响我们的日常生活。由于占据用户的空闲时间越来越难，数据挖掘也会变得越来越精确，由它"喂养"出来的算法对我们的心理影响也会越来越严重。

美国学者肖莎娜·祖博夫（Shoshana Zuboff）[53]比较了工业资本主义和数字资本主义。她认为，工业资本主义是建立在对大自然的占领和对地球资源的开采上的，危及的是地球的生态平衡。而数字资本主义则是开采个人身份数据和行为数据，其强度毫不逊色于前者，而且丝毫不关心对集体利益造成的后果。仅凭着一个用户协议，我们摇身一变，成为供数字工具挖掘的露天矿藏。随着我们对数字工具的使用，这个矿井越挖越深，而定向广告"自然地"发展到对我们日常的生活进行监视。

第七章

不分昼夜

我们有一半可以被商业化的生命时间，而它也的确被商业化了。

我的一天不再是24小时,而是34小时。

身心平衡再也不可能了,健康生活成了"浮云"。在修道院生活规范中,圣本笃[54]受到亚里士多德的启发,构想了一种和谐的生活方式:24小时被平均分成三段,三分之一用于肉身(包括睡眠),三分之一用于工作(包括社交),三分之一用于知识和祷告。这种安排基于一个显而易见的观点,即同一段时间不能被用于两件事情。用《传道书》[55]上的话来说就是"一次做一件事"。

数字工具普及了一心多用的能力。无休止的联网和移动通信技术彻底占领了我们的"空闲时间",尤其是通勤时间。然而,注意力经济模式仍需要我们继续增加使用屏幕的时间。因此,为了进一步扩大领地,互联网王国只能"填海造陆",用信息轰炸我们,诱拐我们本来用于其他事务上的时间。

这样做的结果让人目瞪口呆。2018年,美国居民的24小时被延长到了30多个小时。每天睡眠消耗7小时。吃饭、家务和社交的时间也差不多,6小时55分。工作时间是5小时13分,加起来一共19小时8分。在此之上,我们还额外花费了12小时4分在屏幕、媒体和数字工具上。这额外的时间正好是"一半的生命":我们有一半可以被商业化的生命时间,而它也的确被商业化了。

· 无处不在的屏幕

提示信息扰乱了我们的生活，我们的注意力屈从于显示屏的各种刺激之中。YouTube 上的视频排列顺序是机器特意安排出来的，旨在让用户上瘾。2018 年《华尔街日报》(*Wall Street Journal*) 的一项调查表明，我们每看一个视频，算法推荐的下一个视频就会更"极端"一点儿。在政治和社会领域，这种算法很快会把用户带到一个极端主义大观园中去。在美国发展起来的"三度影响力"理论 (Three degrees of influence)[56] 认为，我们和阴谋论者之间仅有三层分隔。于是，在 YouTube 上，无论你看什么时事类的视频，都一定会在点击鼠标第四下的时候遇到一个阴谋论的内容。比方说，阴谋论者亚里克斯·琼斯 (Alex Jones) 声称桑迪·胡克小学枪击案根本就没有发生过。

视频作者至少要在 3 秒之内，最迟不能超过 10 秒，就制造出一个"爆点"，因为用户是缺乏耐心的。在 Facebook 上看视频的 30% 的用户在第 4 秒的时候就会关闭视频，因为他们的注意力已经被别的提示信息、链接或者推送分散掉了。

音乐领域也同样浮躁。音乐产业原来是贩卖光盘的生意，但是 Deezer[57] 和 Spotify[58] 彻底改变了它的性质。现在，这个行业变成了"让人起码听11秒"的生意,因为11秒后才能产生收入,而Spotify的用户和那些在Facebook上找乐子的用户一样缺乏耐心。希望在这些平台上出售作品的音乐制作人深谙此理,他们知道只有在前10秒大放异彩的曲子才有可能生存下来。在这个圈子里,创作的精髓就是想方设法使人即刻上瘾。

Netflix公司除了用自动播放下一集功能来培养成瘾之外,还鼓励创作者从第4集开始就预示足够多的剧情反转,让观众欲罢不能。这样做的后果是扭曲了剧情,让影视作品失去了内涵和可信度。

对感官的撩拨和刺激轰炸已经超出了网络的范围,延伸到了我们生活的方方面面。这合乎逻辑,毕竟所有行业都想争夺用户的时间份额。首先是我们的文化活动。以青少年为目标观众的院线大片押宝在感官刺激而不是观赏体验上,于是电影镜头都是一闪而过。影院内禁止使用手机只是徒劳,因为它们已经重塑了人们的注意力节奏,成为口袋里或手边源源不断的诱惑来源。阅读这项花时间的活动理应向读者展示文字背后隐秘而奇妙的世界,却也未能逃过注意力经济的影响。虽然在经济活动中,图书行业还在负隅顽抗,但儿童的阅读时间已经失陷。即使缩短章节、在青少年文学中插入电视连续剧里的悬念设置也无济于事。

屏幕已经入侵我们的文化知识生活。

· 积重难返

我们的个人数据被用来对付我们自己。我们已经没空培养欲望了，即使偶尔还有点欲望，也总是来得太晚：上千种的刺激早已先声夺人，强迫我们表态了。未饥而食、不渴而饮，自然就没空嗅闻事物的芳香、咂摸其味道。用贝尔纳·施蒂格勒的话说："无论对个体还是群体来说，瓦解都比意志力捷足先登。"我们被夺走的时间是表达需求、欲望、爱意的时间，是与他人相处的时间，也是纯粹的时间。

第八章

假作真时真亦假

算法把用户囚禁在一个"信息气泡"中，让他终日面对自己的世界观，"用自己的主张给自己洗脑"。

2018年10月13日，亚特兰大。警察局接到报警一个小时后才意识到事情的严重性。报警者是宜家的工作人员，他的声音显得惊慌失措：他上班的宜家商场已经好一阵子没有走出过一个顾客了。这在一个周六的下午显得十分不正常，尤其是离感恩节只有一个多月的时候。里面一定发生了什么事情，或许是人质绑架，或许是一场事故，抑或某种不可理解的现象。但是在商场内部，事情正好相反：收银员许久不见顾客上门，只能玩智能手机打发时间，丝毫未见恐慌。后来人们才知道，原来是某个人为了取乐，在商场地板上覆盖了指示性的箭头，把整个商场变成了一个不可解的迷宫。前来购物的顾客像无头苍蝇般四处打转，无法找到出路。他们从卧室走到客厅，从客厅走到厨房，再到办公室，又回到卧室。由于商场很大，顾客们花了很长时间才意识到自己已经走过某处了，而且展示区的特殊设计遮挡了出口。种种原因都让顾客们迷了路。

这则真假难辨的消息，在一个不知名的新闻网站上发布之后又被转发到社交网站上，随即诱发了一波或搞笑或愤怒的评论。随后的文章描述了一个末日般的场景——顾客们在沙发上睡觉，排成长队寻找出口，在餐厅抢购并且囤积物资，甚至有一个孕妇被迫在展示区的床上分娩——从而露出了这则消息可笑的"狐狸尾巴"。

这则网络假新闻的成功彰显出了线上议论的荒唐。那些浏览者在没搞清楚事情原委的情况下就转发了出去，随之而来的是一场针对这家瑞典大型商场管理模式的争论。不过，它还在更深的层次上传递了这个时代的不安。商场的箭头就像是算法的外化，它们时时刻刻指引着我们的行为和决策。而我们听信了它们的优化诺言，变成了盲从于它们的"梦游者"。

• 自我实现预言

注意力经济促使各种平台创造出符合人们预期的网络环境。这个包裹着我们的环境，形成了我们的视野，而我们在这种数字环境中的行为又进一步强化了它的适应性和局限性。我们对于空间的认知就深受这种"自我实现预言"[59]机制所害。

音乐就是一个值得重视的例子。人们通过耳机与智能手机相连，幽闭其中，任由Spotify、苹果音乐、Deezer等音乐平台根据其所掌握的收听历史、好友推荐以及其他的行为数据来定义我们的歌单，改变我们的听觉记忆。在播放列表和线性广播里从来没有"随机"这回事：数据世界既不喜欢颠覆，也不喜欢惊喜；不需要发人深省，也不需要动人心魄；只需要推荐一点让人舒服的、意料之中的、个人化的东西就行了。即使推荐算法中注入了"发现"功能，不可否认的是，用户真的很难欣赏让他觉得奇怪的声音。唱片从此变成了纯商业性质的活动，社交网站上的网红风起云涌，然而其成功也仅限于自己的"饭圈"。大环境变得因人而异，新的流行音乐在孤独的听众和冰冷的计算机算法中变得支离破碎。

创作质量和多元性并未改变，改变的是人们的接收形式。正如摇滚乐的流行和那个时代的新潮技术密不可分一样。在大众媒介的大背景下，半导体收音机让音乐变得可以随身携带：所有人都能在同一时间听到同一首音乐。与此同时，电唱机推动了集体聆听的体验，无论是和朋友一起，还是靠在家人身上。对于摇滚信众来说，占领公共空间的第一步是要"破门而入"，然后是让人接受他们的外形、音乐节和生活方式。无论你支持与否，都必须选边站队。代际冲突、阶级斗争、价值观对立，摇滚乐集所有这些冲突和张力于一体，成为那个时代的背景乐。然而，如今触目皆是自给自足的小社群，音乐也未能从这个世界的碎片化进程中幸免。

音乐界发生的事情也蔓延到了我们的影像、声音、阅读、记忆和信仰领域。集体叙事正在消散,或者更准确地说,集体叙事不再受媒体青睐。我们在20世纪培养出的远程共鸣几乎不复存在。如今,我们又需要重新站在一起才能感受到集体的存在。这看似不合常理,却意味深长地解释了音乐会和展览的复兴。

· 真相加工厂

伊莱·帕里泽(Eli Pariser)[60]在他2011年出版的《过滤气泡》(*The Filter Bubble*)一书中提出了"过滤气泡"的概念。他在书中揭露了这样一种现象:网络平台的算法会根据用户做出非常个性化的信息筛选。

行为算法不尽相同,然而社交平台的推荐,一般都会结合多种历史数据:用户过去的行为(他们认为用户会重复之前的行为);和目标用户相似的其他用户的行为(他们认为用户会像和他品位或观点相似的人一样行动);类似内容的匹配(他们认为用户多次对同类内容表现出兴趣意味着恒定且永不满足的欲望);最后,整体用户群中最流行的内容(根据社会可接受性）。不同平台上这些标准之间的权重是机密，此外，各平台还加入了商业数据标准。

对于帕里泽来说，算法把用户囚禁在一个"信息气泡"中，让他终日面对自己的世界观，"用自己的主张给自己洗脑"。大型网络平台所覆盖的主题并不仅限于信息，逐渐地，它们构建起了用户的整体语境，也就是他与现实世界的关系。埃里克·萨丁补充道："其目的是构建一个符合我们的现实，让我们尽可能长时间地、重复地沉浸在这个宇宙中。这些算法系统被赋予了一项独特而又令人困惑的使命：陈述现实。"

作家菲利普·迪克（Philip K. Dick）[61]笔耕不辍，打造了一个又一个平行宇宙、反乌托邦、架空历史小说和幻觉梦境。他急于找到对现实的定义，并终于在1978年用归谬法得出了结论："所谓现实，就是即便你不相信也不会消失的东西。我找不到更好的定义了。"不过，稍后他又承认："但是现实首先是因人而异的。"

动物行为学的创始人之一，德国人雅各布·冯·于克斯屈尔（Jakob von Uexküll）[62]首先提出了"周围环境"（Umwelt）[63]的概念，意为"感受到的现实"。于克斯屈尔主要研究蜱虫，他证明了每一种物种所感受到的现实都和其他物种感受到的现实截然不同。由于物种的先决条件各异，没有任何两种"周围环境"是可以相提并论的,这是一种完全意义上的现实。物种所感知到的环境与它的生存和威胁息息相关:蜱虫感知到的东西和人感知到的不一样,而人对世界的感知又和狗的不一样。和"周围环境"相对应的是"环境"(Umgebung),后者是整体的现实,无穷无尽、触不可及。

所谓现实,其实是一种体验,而共同的体验造就了集体团结和共同命运。值得一提的是,媒体和教育机构,除了本职工作(传递信息、教育)之外,它们的存在还旨在打破个人认识的边界,构建全人类的共同现实。叔本华说:"每个人都以为自己视野的界限就是世界的界限。"数学公式主宰着我们的数据流通,为每一个用户都定制出不同的视野。最终,这会创造出与用户人数一样多的现实,也就是无穷无尽的"周围环境"。

菲利普·迪克曾就被颠覆的心理发表过高见。他的论述提出于互联网出现的十年前、社交网站发明的二十年前,至今仍让人思绪难平:"虚拟现实的轰炸最终会造就不真实的人,这些人就跟他们周围的数据一样虚假。假的现实会产生假的人,'假人'又会继续造出假的现实并把它们卖给其他人,把后者也变成造假者,导致世界成为一个大号的迪士尼乐园。"

自互联网出现起,我们就未停止过将现实社会与乔治·奥威尔（George Orwell）的《1984》进行对比。而在互联网普及之前，尼尔·波兹曼（Neil Postman）[64]就在他著名的《娱乐至死》（*Amusing Ourselves to Death*）中，将乔治·奥威尔的《1984》和阿道司·赫胥黎（Aldous Huxley）[65]的《美丽新世界》（*Brave New World*）进行了对比，并得到现实世界中后者胜出的结论。《1984》描绘的是一个强权压迫下的世界：宣传取代了信息，图书被禁止，真相被掩盖，反抗被镇压；而赫胥黎则描绘了一个被诱惑充斥的文明：人们被海量的内容所奴役，在快感中梦游。在这个反乌托邦中，"书籍禁令毫无意义，因为根本没人想看书"，有效信息被淹没在了"荒谬的大潮"之中。对于波兹曼来说，那些"让我们忘却人终有一死"的源源不断的信息流，把我们从奥威尔的世界拯救出来，转而丢进了赫胥黎的世界里。

波兹曼的分析至今已有三十五年，但仍然保持着它的先知地位。信息大潮已经来临，我们对娱乐俯首称臣，并沉迷其中，难以自拔。然而，他的预言并不完整。因为这个信息大潮并不是偶然漫延到我们身边的，而是掠食者经济刻意为之。

奥威尔笔下的世界回归了，不是通过政治手段，而是通过经济手段实现的。每个人都以各自的方式进入了赫胥黎的世界。我们成了自我宣传的幕后主使。

• 垮台？

注意力资本主义虽然极具侵略性，令人厌恶，却并不稳固。这台机器超速运行，已经开始显现出垮台的迹象。个人现实加工厂制造出了一个虚假帝国。

假人、假数据、假账户、假网站和假内容相结合，换到的却是真美金（或者真欧元）。除此之外，当然还有机器人，它们可以自动登录社交网站或者在影子网站上创造虚假点击量，让广告客户相信网站的广告正被人点击和观看。并且，机器人的作用越来越大。大部分研究显示，在网络上只有不到六成的活动是真人在操作。剩下的四成多都是人造点击量，由机器人或者网络水军完成。注意力经济也有它的"流氓无产者"。全世界有为数众多的"水军工厂"，在那里上班的通常都是年轻人。他们每人负责几十台手机，其工作就是用所有手机观看同一个视频，造成观众数目上升的假象。

如此涌现的弄虚作假是注意力经济的产物，但反过来又让它变得脆弱。只有真实存在的东西才能够长销，而造假行为威胁着整个产业的未来。Facebook之所以无法提供一个确凿的观看量数据，不是因为他们不诚实，而是有心无力。2018年，

Facebook承认其部分视频的观看时间被"高估了60%—80%"。相比之下，Google旗下的YouTube则发明了检测观看量造假的技术手段，用机器人对抗机器人。

终有一日，机器人创造观看量和内容将胜过真人活动。到那时，人们反倒会把真人活动的内容当作虚假信息，原因是真人的活动变成了少数，于是和占多数的机器行为相比反倒变成了"异常"。这一刻被网络专家们称为"逆转"（inversion）。最出色的网络分析家之一、新闻人麦克斯·里德（Max Read，他的博文《像素生活》颇有参考价值）认为，逆转就发生在2018年年末，也就是今天。不管他的结论是对是错，他指出了一种可能的结局：这种掠食者经济行为已走到了穷途末路。

第九章

不对称的万花筒

在这里，信仰胜过真相，情绪胜过审慎，本能胜过理性，激情胜过知识，出格胜过沉着。

所有的传染病都是从零号病人开始的。

注意力经济生产永不中断的碎片信息流，同时靠后者维持运转，如同一个为自己供能的增殖反应堆。唯一能够区分信息的只有它们的"网络效率"，效率决定了它们在各大平台中的等级排名。注意力经济通过操纵惊喜、幽默、恼怒、信仰、情绪、义愤和过激言论，保证信息的"病毒式传播"。结果是用户往往在阅读之前就已经把它分享出去了，这就是信息在符号湍流中生存的诀窍。既然如此，当真实让位给逼真，思考让位给条件反射时，我们也无须诧异了。假新闻只占据了不可靠的数字消息中极小的一部分。假新闻和其他成千上万的假信息并无本质区别，区别在于我们认为前者可能对读者造成负面影响，以及我们对作者险恶用心的猜测。而在操纵中，被操纵者是必需的，而操纵者却是可有可无的。

自人类有沟通起，操纵便存在了。大众传媒给各种宣传开启了前所未有的新篇章，但很少有"非政治"事件能得到和1938年10月30日晚上发生在美国东海岸的那件事一样的关注。当天晚上，所有收听广播的美国人都震惊于一则关于新泽西州乡村遭受陨石撞击的特别公告。几分钟内，现场目击者提到了奇怪的生物、势不可当的战争武器以及一种造成数十人窒息死亡的有毒气体。广播里，一场外星人的入侵已然展开。而录音房里，当时在广播戏剧领域小有名气的23岁主持人奥森·韦尔斯（Orson Welles）乐不可支。他决定用广播的形式讲述赫伯特·乔治·威尔斯（H. G. Wells）[66]的小说《世界大战》（*War of the Worlds*）：假的特派记者，伪造的信号中断，还有面对这场虚假的重大事件时的犹豫语气。这一切足以以假乱真。

随后发生的事情出现了两个版本。第一个版本讲述了一场席卷半个美国的全民恐慌。电台被询问详细信息的请求湮没，警察局因报警电话太多而应接不暇，公路上堵满了北上逃命的家庭，商店物资被抢购一空，还有一些人把自己关在了曼哈顿的高楼里，医院里爆发恐慌，甚至有人试图自杀……上述这种末日式描述的主要来源是《纽约时报》，这份报纸在第二天报道了一场"大型集体恐慌"。报道事无巨细，毫不留情地批评了这场闹剧的始作俑者——哥伦比亚广播公司——不负责任的行为。

第二个版本和第一个版本的说法正好相反。惊慌的听众数目远不如报纸上所说的那样众多，而且在片刻的恐慌之后，几乎所有的听众都意识到自己是在收听一个广播小说节目。而且，貌似是奥森·韦尔斯本人在收到极个别惊慌听众的电话和来信后夸大了事情的影响力。

一个冒充新闻的虚构故事只有在被阅读（或者被听说、被看到)、被相信,并改变接收者的行为或者思想之后,才能被称为假新闻。也就是说,只有接收环境才能够把一个虚构消息变成一个"假新闻"。

根据A.布拉德·施瓦茨(A. Brad Schwartz)的作品《广播狂躁症:奥森·韦尔斯的世界大战和虚假新闻的艺术》,"世界大战"事件展现了诊断虚假新闻的难度。为了搞清楚到底大众有没有听到这个关于外星人入侵的虚构作品,以及大众有没有相信它并引发一场真正的恐慌,施瓦茨翻阅了韦尔斯收到的上百封信件,研究了当时的媒体报道,搜集了当时的亲历证据。他的发现揭示了我们生活的这个时代的不安:社交网络爆炸、人工智能对谣言推波助澜。

寄给韦尔斯的信件显示,当时恐慌的听众的确是存在的。许多听众收听了广播,并且做出了反应,然而他们的反应完全不同于上述任何一个叙事版本。听众们的反应远非千人一面,而且随着事件的进展而变化。这则假新闻没有被忽视,它的确被当时的听众接收到了。但是只有极少数人信以为真,而且只有差点上当了的人才会大动肝火:"有那么一刻,我真的以为外星人来了。"焦虑的来源并非轻信盲从,而是可能发生的盲从。首先是怕自己上当,其次是担心他人上当。那些最能传递集体恐慌症的人恰恰是那些没有上当的人。但他们坚信其他人上当了,因此大声疾呼要禁止广播剧。换句话说,那些在恐慌中呼喊的人正是不恐慌的人。

只有别人才会轻易上当。

美国当局以听众"缺乏判断力"为由干预了广播节目编辑政策。改变美国公共空间的,并不是那些以为外星人来了的人群的恐慌,而是无来由坚信"集体恐慌"存在的人。

1938年的事留给我们一个喜忧参半的启示:(1)虚假新闻的影响力是我们赋予它的;(2)切莫以为其他人会愚蠢到相信那些我们自己都不信的东西。

· **多重叙事**

轻信并不是数字时代的全部真相。自从1938年以来,大环境发生了变化,事情已经今非昔比。每一个人都有发布消息以及搭建数据反馈回路的能力。在这种大环境中,真相在一个权利不对等的无穷万花筒中衍射得面目全非。

兰德公司[67](Rand Corporation)所说的"真相衰落"(Truth Decay),事实上指的是声音、信念和诠释环境的倍增。汉娜·阿伦特（Hannah Arendt）[68]区分了两种真相。一种是科学真相，指那些我们能够用实验和知识进行论证的真相。另一种是事实真相，即那些基于证词得出来的真相。对于这位德裔美国哲学家来说，这两种真相的命运是不一样的。科学真相由于很难篡改而稳固可靠，而事实真相因为具有相对性而十分脆弱。正如让·弗朗索瓦·福热尔（Jean-François Fogel）[69]强调的那样："由于事实是由许多人的互动构建起来的，所以真相从本质上来说具有政治性。"汉娜·阿伦特认为，如果政权想要搞鬼的话，脆弱的事实真相便很容易沦为其猎物。她说："与人类精神所创造的公理、科学发现、理论相比，事实和事件更为脆弱。"

科技带来了大量的信息，而且并不局限于事件。网络上存在着同一个新闻的不同版本、同一个科学现象的不同见解、同一个历史事件的不同看法。假新闻、伪科学、假历史，共同组成了社交网络上的多面叙事球体。

当下的现实，让我想起了黑泽明的电影《罗生门》，情节中的四个人物就一起杀人案轮流提供证词。强盗、死者妻子、武士和樵夫各执一词，分别讲述了与其他人所说的截然不同的事实。叙事的冲突最终让人对凶杀案的真相产生了怀疑。

多重矛盾叙事的技巧自然要比这个电影更古老。譬如，威廉·福克纳（William Faulkner）[70]在《喧哗与骚动》中就用过这种手法。不过，"罗生门效应"这一出自电影的表达从此被用来形容多重叙事，以及它给公共空间带来的普遍不确定性。世上以后再也不会有单一叙事了，事件的单一版本成了妄想。美国社会学家和政治家丹尼尔·帕特里克·莫伊尼汉（Daniel Patrick Moynihan）的一句名言在新闻学院广为流传："每个人都可以有他自己的观点，但不可以有他自己的事实。"这句话在今天更添了一丝遗憾的味道。

寻找造成这种现状的罪魁祸首，意味着要梳理错综复杂的社会、技术、政治和经济原因。美国的批评家角谷美智子（Michiko Kakutani）[71]在她著名的评论《真相之死》（*The Death of Truth*）中强调了对政府机构的普遍不信任和政府言论可信度丧失之间的联系。两种不信任形成了一个恶性循环，相互助长。

她的说法并没有逃脱单一解释因素的诱惑。对于角谷美智子来说，"法国理论"[72]对叙事的解构酝酿了一种普遍性的相对论。该理论认为独立于人的感知之外的客观真实并不存在，而人的感知又受到文化、社会和性别因素的影响。找到经济层面的罪魁祸首无疑要比技术层面简单些。

• 怀疑经济

注意力经济使怀疑经济得到普及。技术层面上,注意力经济使怀疑经济触手可及。此外,注意力经济还给怀疑经济提供了一种比事实经济更赚钱、更容易普及的经济模式。"怀疑生意"曾经和其他经济活动联系在一起,如今在数字平台的帮助下自立门户,变成了一个低门槛、盈利快的独立生意。

美国学者、掌管国会图书馆近十五年的馆长丹尼尔·布尔斯廷(Daniel Boorstin)在他于1962年出版的名作《图像:美国虚构事件导论》(*The Image*)中揭示了世界被虚构事件湮没的后果,而虚构事件是由演艺界、娱乐业和媒体共同制造出来的。布尔斯廷把"名人"定义为"因为他的名望而闻名的人"。

怀疑经济的先驱是现代马戏团的发明家菲尼亚斯·泰勒·巴纳姆(Phineas Taylor Barnum)[73]。他惊讶地发现:"不是说公众有多么容易欺骗,而是公众多么喜欢被骗。只要觉得好玩,他们就愿意上当。"这位马戏之王位于纽约的博物馆因其收藏的恶作剧形式的怪异展品而闻名。例如,其中的假美人鱼不过是一只安上鱼尾巴的猴子。

　　大众媒体，尤其是电视的出现，为这种建立在欺骗上的表演推波助澜。影像逐渐取代了思想，事件的可信度取代了事件的真相。而且，这种转变自然不仅仅局限于演艺界。20世纪60年代，医学界首次官方宣布了烟草对健康的致命危害。美剧《广告狂人》（*Mad Men*）相当详细地介绍了当时的烟草行业是如何应对这项研究的。他们试图通过强调快乐和自由来回避健康问题，但这个策略很快被证明是不够的。因此他们采取了另一个策略，而这个策略后来被应用于几乎所有的危险行业：制造另类伪专家意见，混淆视听。内奥米·奥雷斯克斯（Naomi Oreskes）和埃里克·康韦（Erik Conway）在《贩卖怀疑的商人》（*The Merchants of Doubt*）一书中描述了他们的做法。书中援引了烟草业雇主工会1969年的内部备忘录——"从此以后，我们的产品，就是怀疑。因为怀疑是削弱我们消费者脑子里现有见解的最好手段。"怀疑经济的目的在于生产"似是而非"，用来替代"真相"，并赋予那些无足轻重的"边缘见解"更重的分量。

　　互联网取消了生产怀疑的准入门槛，每个人都有了与烟草行业同等的实力。人们无须再投入成百上千万美金生产怀疑，但这并不代表怀疑经济就变得不重要了，因为注意力经济巩固了怀疑经济。怀疑经济虽然不是注意力经济的产物，但却成了注意力经济繁荣昌盛的基础。其原因主要有三点。

首先是产量问题。生产"似是而非"要比生产真相容易得多，成本也低得多。真相要求长时间的严谨工作，还需要循证，但是生产"似是而非"却是建立在"情绪扳机"的基础上。注意力经济的养分是无穷无尽的符号，并且根据用户性质，由算法对符号进行筛选。拥挤的数字信息非但不会成为财政上的障碍，反倒是一张王牌，因为它们是广告的潜在载体。用广告业的行话来说就是"广告位"。

其次是吸引力。怀疑会引起疑惑，引起情感冲击。相较于深思熟虑，这些东西更容易引起网上的行动。带来情感冲击力的内容具有类似病毒的传播潜力：它们将被共享、评论和复制。它们造成的数字喧嚣（喜欢和分享的次数等）使其在以广告为基础的商业模型中更具有经济价值。

最后大部分的平台，尤其是Facebook、YouTube和Twitter这种主要社交网站，无差别地对待信息发送者。他们援引数字自由主义者的话——"确保个体之间以绝对公平的方式互联，让所有人都享有平等的话语权"——以掩盖注意力经济中广告模式带来的不平等。网络平台不关心信息的发送者（个人、商业公司、政治力量或是各种压力集团），也枉顾信息的性质（严肃文章、娱乐信息、无耻的宣传或者单纯的恶作剧）。只要能够带来

"赞助",也就是有人埋单,平台就允许经济或者政治力量生产的怀疑在他们的网络上蓬勃发展,并美其名曰是保护个人自由,甚至不惜过度解读美国宪法第一修正案。他们就像一个通过销售变质商品赚取佣金的大卖场,完全不考虑产品对顾客的危害。

技术不是这三个要素的起因,经济才是。它们不是数字革命的产物,而是数字革命被注意力经济这种新型资本主义大肆征用的结果。这种经济模式把幻想中的希腊广场变成了信仰的万花筒,各种敌对思想在此混战,而从中渔翁得利的便是贩卖注意力这种武器的军火商。

• 信仰帝国

信仰是假象的温床(名利场就是一个信仰场)。

电视流行文化在某种程度上已经通过一个与互联网同时诞生的电视剧揭示了这一点,只可惜这个剧集在数字社会来临之前就完结了。《X档案》(X-Files)这个共218集的连续剧,在1993年至2002年播出,连续剧讲述了两个特工——穆德和史考莉——介入惊天阴谋展开调查的故事,故事情节完美融合了前数字时代的所有都市传说:外星人绑架、"深层政府"[74]以及幕后操纵的北美军事和情报机构。穆德对阴谋论深信不疑,而史考莉则不以为然。法语版的字幕打着"真相在别处",可谓将阴谋论玩得炉火纯青。特工的使命就是揭露这种被看似无懈可击的国家机器掩盖起来的阴谋,撕开一小撮人用来掩盖真相的幕布。"他们隐瞒一切,他们守口如瓶。"《入侵者》(*The Invaders*)[75]中的大卫·文森特[76]想必对此感同身受:他需要说服满腹疑窦的人们"噩梦已经来临"。这样的剧本建立在一个存在了两千多年的思维模式之上,即真相必须由先知揭露,哪怕这些先知可能是秘密特工。但是,互联网把这一套全部颠覆了。真相不再像圣杯[77]一样可以被发现,更准确地说,互联网每一秒都会诞生一个有待揭露的真相。

《X档案》和它的制片人克里斯·卡特(Chris Carter)真正高明的地方倒不在于"真相在别处"的宣言,而是穆德的办公室墙上挂着的飞碟海报上的话:"我要相信。"穆德并非孤家寡人。如今,全世界的人都选择"相信",而网络时刻给我们分别灌输一种自以为是的信仰,单一阴谋论被全民不可信所取代,从而带来一场充满暴力、各自为政的信仰大乱斗。我们的言论空间,从此充斥着一种荒唐而又暴力的多重叙事。我们深受其害,却又乐此不疲。颇具讽刺意味的是,像穆德这样不顾所有证据，情愿相信阴谋论的人，如今站在了所有人的对立面。

数字世界让人想起了基督和圣多马[78]的对话。如今，那个眼见为实的旧世界不复存在了，取而代之的是"因为相信，所以看见"的世界。网络对各种各样的疑惑都做出回复。每个人都能在此看到自己信仰存在的痕迹，运气好的话可能会找到一些证据，最不济也能得到一些启示。

互联网的结构和灵活的联系让各式各样的比照成为可能，尤其是得出一些奇怪的相关性结论，进而推导出事物间的因果联系。"虚假相关"（Spurious Correlations）[79]网站和《世界报》（Le Monde）[80]推出的事实核查博客《解码器》（les Décodeurs）合作，开发了"荒谬比照随机生成器"。这个小型算法把两个互不相干的事件——其中一个是严肃事件，另一个往往是荒诞搞笑的事件——进行对比，通过玩弄统计数据和图表等花招，让眼睛和大脑立即建立起联系。"虚假相关"网站最成功的作品之一，是把美国每一年的游泳池溺毙人数和演员尼古拉斯·凯奇（如今因网络梗而"翻红"，完全非他本人所愿）每年出演的电影数目进行比照。从数据上看，关联度无可指摘：两者相关性达到了66%。阴谋论者这时会说："世上居然有这么巧的事……"

认知偏差是伪平等网络的固有组成部分。互联网上，所有人都能发表自己的观点，但是方式却不尽相同。全部信息一开始当然是横向呈现给用户的，但用户的每一次搜索都会对信息进行纵向重组。运行这种重组的只有几个主体：搜索引擎、社交网站或者聚合适配器。

在《轻信者的民主》（ *La Démocratie des Crédules* ）一书中，社会学家热拉尔德·布朗纳（Gérald Bronner）主要区分了三种认知偏差。"确认偏差"是由搜索引擎完成的，在海量的可搜索信息中，人们总是能够找到他们想找到的，可谓有求必应。只要在Google的搜索栏中输入"地球是平的吗？"，就会在搜索结果的第一行看到"地平论者"（就是那些相信地球是一个平面的人）的观点，尽管相信这种所谓"学说"的人数其实是微不足道的。"以偏概全偏差"是搜索引擎和社交网络的产物，因为它们的算法只对个例起作用。会产生这类认知偏差，是因为人们常通过举例去解释普遍性的问题，然后误以为个例代表的是普世真理。这种做法和科学推理背道而驰。"曝光率偏差"则成就了社交网站，它认为重复的内容最终能在受众的大脑中占据一席之地。这种认知偏差使我们更青睐那些看到过一百次的内容，而忽视那些只见过一次的内容。网络空间是一个允许所有人都发声的地方，但并不是所有人都以同样的频率发声，这种不平等就造成了一种不对称。越是言之凿凿、活跃的声音,就越有优势。各种信仰的交锋都属于这种情况。Twitter每天都在印证:互联网就是"一种有人仅投一票,有人投一千票的民主"。

各种认知偏差滋养并鼓励着信仰帝国,这个帝国的掌权者乃是我们的情绪和冲动。随着数字空间中交流的极端化,自以为是者和据理力争者之间的两极分化越发严重,然而这只不过是其中一个必然的结果。当谈到某件对于用户来说十分重要的事情时,比起理性回答,网络更鼓励情绪化的回答,七嘴八舌的用户群组还对此推波助澜。在《走向极端》(*Going to Extremes*)一书中,美国公法学家、哲学家凯斯·桑斯坦(Cass Sunstein)对此进行了解释和延伸:希望被同侪认可的欲望驱使当事人强调他主张的极端方面,并将过激言论分享到网络上,而过激反应在已经固化的社群中起到了通行证的作用。

有两种以发现者命名的效应在数字文化中体现得淋漓尽致。大卫·邓宁(David Dunning)和贾斯订·克鲁格(Justin Kruger)在1999年的《人格与社会心理学杂志》(*Journal of Personality and Social Psychology*)上提出的"邓宁-克鲁格效应",在个体的愚昧程度与他的自信程度之间建立起联系。该效应的视觉呈现是一个钟形的曲线:先有一个陡然的上升和下降,随后是缓慢地上升。图像的第一部分代表的是当人们对某领域几乎一无所知时的绝对自信,这种自信的顶峰被命名为"愚昧之巅"。紧随其后的是曲线的底部,被称为"绝望之谷"。这时,入门知识揭示了当事人在某个领域的无知程度,从而抑制了他所有的表达欲望。随后,是随着专业程度提升而重拾自信的"开悟之坡"。在开悟之坡上,当事人的自信程度低于一无所知者的自信程度。人越无知,就越言之凿凿,也就越喜欢在数字网络的失衡结构中大放厥词。

而"坡法则"(Poe's Law)则毫无科学性可言。正如其他许许多多的数字"法则"一样,坡法则源于一条简单的评论留言,后来被网民引用并奉为至理名言。内森·坡(Nathan Poe)于2005年在一个基督教论坛上发表了一则评论。起因是他把一个成员的玩笑话当成了严肃发言,然后意识到无法再围绕神创论辩论下去,他说:"如果不附带一个眨眼的表情,又看不出确凿无疑的幽默成分,那么你对神创论者开的任何玩笑,一定会被某个地方的某个人当真。"内森·坡在无意中充当了数字时代的罗兰·巴特(Roland Barthes)[81]。意指符号学理论探讨的是在不同规模的接受语境下对符号诠释的区别。而在互联网上,有多少用户,就有多少语境。社交网站推出的时间线、动态消息,以及界面环境都是由算法根据用户的行为和身份构建出来的。每一个用户眼中的Facebook、Twitter和YouTube都不一样,没有任何两个是完全一致的。在这种无穷无尽的语境下，相似的内容被循环回收，被相互分享。这解释了为什么玩笑话会被分享，而且会被当真，反之亦然。正是这种现象助长了人们的恼怒和义愤，而事实上，那些让他们恼火的出格言行可能并不是那么出格。

认知偏差和各种网络效应构成了这个交流和分享的平台，在这里，信仰胜过真相，情绪胜过审慎，本能胜过理性，激情胜过知识，出格胜过沉着。推荐算法让阴谋论者们蛇鼠一窝，商业逻辑让出格言行变本加厉。怀疑经济创造出的信仰帝国，成为阴谋的疆界。

· 阴谋

照片和阴谋论在互联网上流传，并通过算法相互关联，而这些算法背后的人工智能所做的只是愚蠢的重复。举例来说，在美式足球、篮球赛场上，公众集会、纪念活动仪式上，人们总是会挥舞标语牌。有的标语牌上只有一个简单的大写字母"Q"，而这些举牌的人和他们的标语被拍摄了下来，这些照片在网上被转发，出现在那些"明白人"的动态消息和时间线上。他们知道标语的意思，而其他人却不明就里，甚至不知道自己错过了什么：在他们的数字现实中，他们绝不可能收到这些照片。这些"Q"字标语的举牌人是美国总统唐纳德·特朗普（Donald Trump）的极端支持者，但这一字母的起源却扑朔迷离。据说2017年的秋天，在4chan[82]网站上出现了一个叫QAnon[83]的用户，这个用户由一些阴谋论者和妄想症患者组成。隐匿者"Q"自称拥有最高级别的安全许可（字母"Q"指的是美国官方的最高机密安全许可），还提到了《X档案》中的线人"深喉"（影射水门事件中的线人深喉）。在网络讨论中，该用户的所有问题都符合标准阴谋论的措辞（诸如"难道……只是巧合？""为何人们对于……问题讳莫如深？"等），并且时常谈及现任美国总统。接下来就是各种捕风捉影的解读。Q是英文字母表中的第17个字母，因此每当特朗普公开提及17这个数字时，都被视为支持信号和"暴风雨"来临之前的集结令。他们认为，情报机关及其他联邦机构都在阻挠特朗普的统治，而"暴风雨"指的是总统大人一举挫败这个"深层政府"的时刻。

"Q"的案例只是各种政治、宗教、社会、技术、历史、文化阴谋论汪洋大海中的冰山一角。但其源头的不确定性赋予了它更丰富的内涵，让人想起豪尔赫·路易斯·博尔赫斯(Jorge Luis Borges)[84]或者翁贝托·埃科(Umberto Eco)[85]。因为貌似一开始，"Q"只是特朗普的反对者们发布在网上，用来调侃有妄想症的美国总统支持者们的一个玩笑，结果却被取笑对象们信以为真了。

博尔赫斯在其作品《特隆、乌克巴尔、奥比斯·特蒂乌斯》(*Tlön, Uqbar, Orbis Tertius*)中，讲述了一个秘密团体虚构幻想世界(特隆)的故事。数学家、天文学家、生物学家、教士、诗人和工程师都争相描述这个假想世界。逐渐地，假想世界摆脱了其创造者，慢慢变成了现实。虚构的过往代替了真正的历史，而人们的记忆则变成了虚构故事。同样的逻辑在充斥着各种随机性的数字时代被埃科再次启用，他的小说《傅科摆》讲述了三个神秘学发烧友颠倒乾坤的故事。他们自诩博学，本着玩笑心理舞文弄墨，幻想出了一个波澜壮阔、百年不遇、意图统治世界的大阴谋。结果他们对自己的虚构之物信以为真，并且不得不面对它的落实。这个故事描述的正是我们身处的数字时代：每个人的信仰都变成了他想象中的集体真相，从而构建了千人千面的现实。

第十章

不对等的信息战

"谎言流言满天飞，真相在后面缓慢匍匐。"

——乔纳森·斯威夫特

这是好莱坞电影中最负盛名的场景之一。它以闪回的方式总结了一个漫长的故事。影片中，詹姆斯·斯图尔特饰演的参议员兰索姆·斯托达德故地重游新骨小镇（Shinbone），追忆他故去的朋友——低调少言、孑然一身的牛仔汤姆·多尼芬（约翰·韦恩饰）。二十五年前，他曾是一位热爱正义的年轻律师，勇敢反抗在美国西部小镇为非作歹的利波提·瓦朗斯（李·马文饰）。这两个男人之间发生了一场并不公平的决斗，因为斯托达德不会使用武器。结果出人意料，斯托达德竟然干掉了瓦朗斯。这一事迹让他成了英雄，并将他推上了政治舞台。四分之一个世纪过后，他吐露了实情：真正杀死瓦朗斯的其实是多尼芬，后者为了保护他才出的手。他完成供述之后，采访他的《新骨之星报》的经理站了起来，撕碎了笔记。他接下来说出了新闻业最著名的名言之一："这里是西部，当传奇变成事实，就打印传奇。"

约翰·福特（John Ford）于68岁高龄执导了电影《双虎屠龙》（*The Man Who Shot Liberty Valence*）。对他而言，这部作品和他的其他电影作品一样，都旨在讲述美国的历史和根深蒂固的错误认知。通过这部电影，他指出美国的建立要归功于理性力量（多尼芬）战胜暴力（瓦朗斯），而不是人们以为的法律（斯托达德）。故事虽然是虚构的，但这种信仰对于美国的现代性必不可少。正是因为这种信仰,征服才会让位于社会,暴力才会让位于法律。而媒体则促成了这种过渡。

《新骨之星报》的经理所传达的信息也是世界各地记者的信条。它将媒体变成了主要的叙事媒介,这种叙事构建着整个公共空间,为国家及其集体文化的建设作出贡献。《新骨之星报》在法治社会的建立过程中功不可没。

在数字时代观看这一场景不禁让人陷入惆怅。因为单一叙事已经不复存在了。

网络科技让每个人和组织都能表达自我、做出反应、与他人交流。它模糊了参与者的身份、摧毁了叙事的分类。参与者的多样性不仅产生了震耳欲聋的噪声,而且催生了真正的叙事战争。在这场战争中,战斗人员的身份无从区分。算法将事实、观点、谬误、严谨的调查、被证实的谎言、诚实的评论、证词、疑问、笃定、恶作剧、精确的分析、诽谤、通信稿和契约混杂在一起,在网上引发一场混战。这正应了乔纳森·斯威夫特(Jonathan Swift)[86]的一句话:"谎言流言满天飞,真相在后面缓慢匍匐。"

在网络上,传统媒体无论在消息的数量上还是在强度上都输得一败涂地。它既带不动节奏,也没有自己的特色。它的预测被"打脸",它的承诺遭到谴责,它的代表被诋毁。无论在公

众场合还是在网络上，传统媒体都是输家，它的公信力一跌再
跌。新闻行业危机重重，新闻的专业性受到质疑。用法国历史
学家马克·拉扎尔（Marc Lazar）的话说："专业性现在被认为是
最有害的、最高级的统治形式。"

· 线性与闭环

从19世纪末开始，各种传统媒体在有限的技术和资金条
件下，以一种线性的形式（生产—传播或发行—大众）组织起
来。向为数众多的人传递信息需要一些宝贵的资源，对于纸媒
来说，他们需要拥有工业能力才能印刷和发行；对于广播和电
视来说，他们需要拥有播出频段，而这些资源很稀缺，而且往往
都是公共财产。因此，有能力生产、发布和传播信息的机构数
量是有限的。不过，对新闻的报道让它们的地位从技术中介转
变为政治中介，它的对象也从公众变成了公民。

上述实践涉及两个术语。

"把关人理论"（Theory of Gatekeeping），由库尔特·卢因
（Kurt Lewin）[87] 在1943年提出，并在1950年由戴维·曼宁·怀特

（David Manning White）[88]加以补充。这一理论把经验现实变成了政治使命。这种模式意味着由少数职业人士向数目众多的公民提供信息，因此，少数职业人士就掌握了根据信息性质和内容进行筛选的权利。把关人若想其角色获得认可、不受质疑，他们挑选的信息就必须建立在可理解、负责任、独立和非功利性的基础上。上述这种必要性就是各种媒体的新闻自治诉求的来源。

法国社会学家加布里埃尔·塔尔德（Gabriel Tarde）早在19世纪末就曾指出媒体具有组织公众话题的能力，他的分析后来得到了"议程设定"（Agenda Setting）[89]理论的支持。媒体并不是告诉公众对于某个议题应该思考些什么内容，而是向公众兜售应该思考的议题选择。在权责平衡的民主系统里，媒体的这种权利对应着一种义务：由信息媒体所选择的议题应该要和社会内部涌现的议题互相关联、互为表里。麦克斯维尔·麦库姆斯（Maxwell McCombs）和唐纳德·肖（Donald Shaw）于1968年得出衡量新闻工作者的选题和公民关心的选题之间关系的指标。如果低于某一个阈值，新闻媒体就有与公众脱节的风险，公众对媒体的不信任感就会上升，媒体就会故步自封。

社交网络产生十五年之后的今天，媒体的公正被质疑，社会不信任感深植。由于什么消息都可以从网上获取，媒体因此已经不被看作消息的发布者,而被看作掩盖消息的人。人们指控媒体不再遵循非功利性和媒体独立的铁律,认为它们成了政治力量和经济力量的走狗。对大众而言,"把关人"无非是一种乔装打扮的审查制度,"议程设定"更是罪大恶极:记者只会报道自己所在的社会阶层(与自己信念、文化活动和生活环境一致)所关心的议题。传统媒体花了很长时间才接受自己丧失垄断地位的事实,然后开始接受横向沟通的游戏规则。它们根本没料到自己的地位有一天会遭到质疑。

传统媒体对于新时代是毫无准备的。我有幸参与了线上媒体发家的最初几年,因此见证了当年的理想主义。对未来盈利的担忧固然存在,经济考量也是人之常情,但这丝毫无法遮掩先行者的兴奋劲儿。全世界有那么多潜在读者等待着他们去征服,每日一版的发行节奏也将不再束缚他们。而且最重要的是,什么都无法阻挡人们建立成千上万的新闻网站(当时我们称为"纯粹玩家"[90])的愿望,因为这样一个多样化的新环境将催生全民受益的新型对话。观众数量持续增长,所有的新增参与者都促进了现存门类的发展。新的写作方式、新的叙事语言,以及结合图片、声音、文字和图表的新型创作都在新闻实践中被运用起来。有了与公众对话的可能,那些参与互动、发表评论、补充说明、开了博客或自称"公民记者"的人,信守着把互联网变成一个更加扁平化的辩论广场的诺言。新闻行业和公众之间达成了新的契约。"把关人"公信力下降,取而代之的是公共讨论和对网络集体智慧必将催生新"议程设定"的笃定。对于新闻业来说,数字革命曾经意味着全球化、公民性的讨论。在这场讨论中,纸媒将在提供事实、语境和解释方面占据核心地位和权威地位。

这种理想主义不只是技术至上的幻想,同时也与一种更古老的信仰不谋而合——"思想自由市场"。这一概念首次被哲学家约翰·弥尔顿(John Milton)[91]在《论出版自由》(1644)中以暗喻的方式提出,而后在美国出版业兴盛发展时被约翰·斯图亚特·密尔(John Stuart Mill)[92]再次提起(《论自由》,1859)。这个概念显而易见受到过经济学的启发,即自由竞争最终会让思想去伪存真,提炼出真相,只有绝对的言论自由才能消除真假之间的竞争阻碍,成为效率的保障。如果新闻界遵守行规,那么它就会在这个思想自由市场上供应严谨精确的信息,这些信息自然而然就会挫败谎言和错误思想。用美国人的话说,这就是新闻业"为公众提供服务"的方式。对托马斯·杰斐逊(Thomas Jefferson)[93]而言,"容忍谬误和虚假的观点并不会有任何风险,因为自然有理性去挫败他们"。思想的贸易自由在1953年得到美国法院的承认。

然而,数字信息时代的思想市场却和我们的期待差距颇大。曾经幻想组织公众讨论的新闻业如今被公众讨论瓦解。二十年之后,已经沧海桑田。不过,新的数字信息模式的形状正如当初所料:它不再是线性的了,而是环形的;它从单一方向发展成了多方向。新闻机构、公民和网络发布平台以复杂的方式组成了一个闭环。在这里,公民可以与新闻人直接对话,反之亦然;除此之外,他们还可以借由中介工具来接触,如搜索引擎(Google)、推荐工具(Facebook)和发现工具(Twitter)。这些工具不仅能够评估公民的阅读内容,还会用算法分析信息的表现(访问量)和用户偏好(获赞最多的内容),进而反过来影响公民的行为。最后,在信息媒体和发布平台之间的单向关系中,信息媒体最多只能扮演信息供应者的角色,更有甚者则完全依附于发布平台。

麻省理工学院(MIT)的公民媒体中心主任伊桑·朱克曼教授(Ethan Zuckerman)将混进系统中的"不良行为人"——他们毒害整个系统,让系统湮没在劣质信息中——分成四类:(1)虚假信息代理,包括境外势力、经济利益集团和政治利益集团;(2)试图扰乱竞争、欺瞒消费者的"黑色广告"商人;(3)灌输其思想的阴谋家和宗教狂热分子;(4)非人类,冒充用户身份在网上操纵对话的机器人。而网络就像是洗衣机的滚筒一样，把上述四种不良行为人的言论和其他信息混在一起洗涤。那些专业的、被证实的言论在这里自身难保，更别说打败假消息了。"后新闻"（post-news）社会在"后真相"（post-truth）时代的身后窥伺着我们。思想自由市场并没有按照预期的那样运行。备受期待的辩论广场已经变成了一个斗兽场，而且每天都变得更加血腥暴力。我们本想建造一个不断完善的秩序，没想到却造就了永恒的混乱。

然而，这些不良行为人的存在并不能够完全解释网络社会的整体失衡。动用一切纠正手段驱逐"网络坏人"的做法固然有用，但杯水车薪，同时也很危险。一些平台已经开始采取技术手段来删除虚假账户和禁止机器人。Facebook在2019年1月的时候声称每天可关闭一百万个账户，我们由此可以对假账户问题略见一斑。网上竟然可以存在数目如此巨大的假账户，而且人们此前并未采取任何措施来抵制它们的影响。一方面，技术举措初见成效；另一方面，从政策和公民角度施压，鉴别网络广告商的身份也同样有用。

相比之下，对内容去伪存真的政策更加危险，因为这超越了"行为人"的层面，上升到了内容层面。信息过滤往往由权力机关、算法或者各个平台团队来决定，这一做法不仅有审查之嫌，在技术层面更是难以实现。想要自动识别出哪些内容确凿无疑、哪些只是暂时得到了印证，哪些是恶意评价、哪些又是心怀鬼胎的操纵，简直是痴心妄想。

最后，不去质疑平台本身的结构问题，而只是聚焦于不良用户和假消息，这显然是杯水车薪。如果说社交平台的数字信息系统是失衡的，问题显然不在于它让各种观点都有一席之地。信息真假难辨仅仅是一小部分原因，所有信息的组织形式才是问题的关键。媒体乱象背后藏着的是一个新的经济秩序。

· 信息经济的新秩序

信息经济模型绝不可能独立于媒体模型而存在。美国历史学家保罗·斯塔尔（Paul Starr）在他的作品中表明，诞生于19世纪末、20世纪初的大众传媒是一系列偶然的结果。我们今天的担忧是，大众传媒可能还带着一些隐含的附加效应。

信息的价值大于它所带来的即时利益和个人利益，它能带来经济学家们所说的"外部性"[94]，也就是那些超出即时消费的效应。信息的外部性包括文化、社会和政治层面。从经济上来讲，将读者转变为公民的价值要大于后者对信息的关注。优质信息的付费水准远远超过了新闻活动的经济均衡。让"信息消费者"承担全部的信息生产成本，就意味着只有少数人能够获取信息，这很可能会带来一些负面外部性:公众讨论的恶化，以及让稳定的民主制度变成痴心妄想。而这种不稳定并非众说纷纭造成的，而是信息质量参差不齐的后果。

普遍准入性、经济上的有利可图，以及信息的质量和多样性，构成了一个难以对等的三角形的三边。在纸媒大量发行的年代，纸媒通过广告业务将单份报纸售价降到了刚需消费品的物价水平，因此得以进入千家万户。通过这种方法，报纸实现了新闻质量和准入性之间的平衡。在法国，从1875年到1973年的第一次石油危机，日报的价格一直比较稳定——从最初一块小圆面包的价格过渡到后来一根法棍的价格。而电视和广播创造了一种新的经济模式，那就是贩卖曝光时间，并通过寻找观众群的方式为注意力经济打下了基础。在这个领域，消息的效率不尽相同。因此，当这种模式没有得到修正的时候，不同的消息能够带来的经济收益是不一样的。那些能够吸引大量观众的消息具有效率上的优势，情绪冲击——惊喜、愤慨、冲突、暴乱、丑闻、笑料——亦是如此。对观众注意力的肆意掠夺不可避免地改变了消息生态。在信息金字塔上，观念碰撞和耸人听闻的信息要比其他类型(调查和报道)更胜一筹。为限制观众经济对信息行业的影响，行业内树立了从业人员职业道德规范。除此之外，还设立了来自第三方的监管机制。当这些规范被取消或者放松时，对行业的影响几乎是立竿见影的。

学者尤查·本科勒（Yochai Benkler）[95]向我们展现了美国联邦通信委员会（Federal Communications Commission, FCC）在20世纪80年代放弃广播电视"公平规范"的惨痛教训。这场制度变革导致宣扬阴谋论及极端主义的广播电视节目层出不穷。在电视行业就此诞生了福克斯新闻频道（Fox News），许多著名的"假新闻"也是在那个时候涌现的。脱缰的注意力经济早在那时就已经显示出了其在信息行业的破坏力。

信息化和社交网络的到来，极大地加速了这种脱缰趋势。建立在注意力经济基础之上的网络平台不仅不受行业规范束缚，其中的所有内容也都以哗众取宠为目的。于是，新闻的待遇和其他种类的内容一样，被经济效益左右着方向。若要和其他消息在经济效益上一较高下，获得同样的关注度，新闻就必须降到其他内容的水平，尤其是要变得更情绪化。为了获得更多的点击量和分享次数，新闻就必须向目标读者的信仰、幻想、信念和情感靠拢。这是一个失衡的市场："严肃"的消息具有天然的劣势。

Facebook的算法就是一个很好的例子。Facebook公司以外的人无从得知其算法细节,不过起决定性作用的四个要素却是公开的。符合条件的内容目录、内容的信号、反应预测、内容的综合得分,上述四条构成了一杯数学"鸡尾酒",决定了平台向每个用户输送内容的优先级。预测元素从根本上来说就是对每个用户注意力的预估;而内容信号则将关注点放在了用户阅读内容后释放的"主动信号"上,如分享、点赞等行为。至于"被动信号",则完全与内容本身有关。Facebook的创始人扎克伯格于2018年提出的"有意义的互动"(Meaningful interactions)给那些"能够引起回应、诱导交谈"的内容增加了优先级。这项强调人际关系和情感联系的政策,将专业信息降为了次级内容。

尽管数字平台矢口否认自己是媒体,却仍然沿用了媒体的两个功能,不过这两个功能已经跟它们最初的角色大相径庭了。"把关人"的功能完全反了过来:所有人都能够进入信息系统中,但用户却不能对所有人的信息一视同仁,与之近似的人的信息总能近水楼台先得月。至于说"议程设定",则完全交由算法来操心了。这样一来,设定的议题不再面向集体,而是面向个人。算法根据每个内容的情绪效率分配给合适的用户,激发用户的反应,从而为整个网络贡献流量。利用几十亿用户的近似性进行情绪触发,使平台获得更多的注意力积累,并最终转化为经济效益。

系统失衡助长了网上的过激和极端言论、丑闻、拉帮结派和谬论。但这不能完全怪在不良行为人的头上,而要追究数字参与者们的生意模式——利用用户的冲动来培养网瘾。问题在于这种模式本身,而不在于表面局势。Facebook是一个成长中的媒体空间,它所到之处都被搅得天翻地覆。与其说是参与者的罪过,倒不如说是它组织模式上有问题。仅仅清理机器人、假账户和外界干预是不够的,Facebook还应该改革其空间规划,摆脱情绪反应机制的摆布。

公共讨论本身也不能从这种现状中全身而退。传统媒体和社交网络平台建立了两种不同的讨论空间,两者的运行方式也不一样。传统媒体看不懂网上发生的事情,他们无法看到这个由个体的"微空间"所组成的网络的全貌。至于社交网络的公共空间,它其实并不存在,因为每个人眼中的Facebook、YouTube和Twitter都不尽相同。这种差别会带来困惑,因为没有任何一个用户可以忠实地还原传统媒体所报道的事件。网络和传统媒体这两个世界之间毫无交流,最后不得不在关注点上分道扬镳,这也助长了两者致命的分歧:互联网这个情绪化和开放性的斗兽场威胁到了新闻媒体对社会时事的把控,从而导致后者这个理性广场的干涸。两者眼中的世界已经截然不同了。

第十一章
战斗与修复

如果我们不希望这条道路被死盯着屏幕而无法抬头的梦游者充斥的话，我们就不能让网络平台在社交生活中大权独揽。

然而并不存在什么诅咒,数字末日并未到来。

这个时代流传着数字平台的极权叙事,尤其是有关Google和Facebook的专权。根据这种叙事,网络平台们无论在时间上还是在空间上都是无所不能的:五大科技巨头[96]将能够改变大选走向,建立起不受任何人间规则约束的新型经济帝国。它们甚至可以将自己看作主权公司,和国家、政府以及国际组织进行平级对话。

Google的超人类主义研究给这些坚不可摧的专权公司又添加了一层形而上的维度。在狂热的科学主义和个人主义的感召下,70岁高龄的雷·库兹韦尔(Ray Kurzweil)[97]主持了这项研究。这位唯灵论精神领袖和天才,自幼就是普救派(Unitarian Universalism)[98]的信徒,并自诩在12岁的时候发明了自己的第一台电脑。他在Google内部成立的奇点大学(Singularity University)完全满足了他的造物梦。超人类主义者们融合了数字技术、微电子工艺、生物学和认知科学(四个学科被缩写成"NBIC"),旨在造出帮助有条件的人类逃脱生老病死宿命的"工具"。每个人都是自己的主人,除了科学技术的限制,没有任何东西能够阻挠人们"自我优化"的愿望。疾病、衰老,甚至死亡,都是可以跨越,甚至很快将被跨越的边界。这个研究课题融合了各种人类幻想:把大脑"拷贝"到电脑硬盘中，从而实现精神上的永生；在身体里植入微电子芯片，从而修改人的智力和生理水平。这一研究似乎要宣告人类这一物种的尽头。

超人类主义叙事中不乏人们对人工智能和机器学习的担忧。机器学习这个充满魔幻色彩的词背后的东西其实毫无新意，因为它指的是算法通过不断重复同一件事情，学会"独立"完成某项任务。比方说，在事先不给猫定义任何参数的情况下，给机器看成百上千万张猫的照片，直到它能自动认出猫来。虽然这项技术的应用范围还十分有限，但超人类主义者认为，终有一天，超级电脑会超越人类，组织起一个全新的、建立在机器智能上的文明。库兹韦尔称这一天为"奇点"，并预测奇点会在2045年到来。

人工智能下的超人类主义和奇点，代表着同一图景的两幅颠倒的镜面："增强型"的男人和女人脱离人类后，他们的位置自然需要机器来取代。

预言家不仅限于硅谷的精神领袖。95岁高龄的亨利·基辛格（Henry Kissinger）[99]于2018年夏天，在美国杂志《大西洋》上发表了一篇颇为悲观的文章。这位美国学者和政治家提醒我们，印刷术的发明让我们从宗教时代进入了由启蒙哲学家引领的理性时代。然而这个时代已经终结了，因为数字技术和人工智能让人类进入了新的时代。亨利·基辛格虽没有明确定义这个新时代，但赋予了它绝对悲观的色彩。他说："我们发明了一种缺乏哲学指导的、有潜在统治力的技术。"随后他指出了新技术对于启蒙文明的三个致命威胁：其一，人工智能获得了自主能力，采取与人类预期完全相反的行动；其二，人工智能通过计算把它们的价值观强加于我们，这种价值观和人类价值观相冲突（如在自动驾驶的汽车事故中，比较物质损失和人命的"经济价值"）；其三，机器会发展出人类大脑无法企及的复杂推理能力。上述这些悲观场景让人想起好莱坞的一些电影，由于场面太过宏大让人难以置信。也许在未来某一天，这三个威胁会变成令人担忧的事情，不过眼下悲剧并没有发生，而且它们还能在避免悲剧的事业上助我们一臂之力。

人工智能是一个巨大的经济革命，但它仍然不是终极工具。它威胁着那些重复性的劳动，还通过加快计算速度和数据处理量对整个工业活动产生了深刻影响。我们每天都面对人工智能，但在那些和我们息息相关的领域，经验告诉我们人工智能仍然存在局限。当听从算法的指引时，我们有多少次被困在荒谬的死循环里？人工智能的错误引得人们纷纷对它们发起恶作剧挑战。社交网络上刮起一股风潮：用户争相调戏视觉识别算法，误导后者犯错，用这种方式来谴责它们的弊端和愚蠢，并为算法将艺术巨作排除在拥有数十亿用户量的互联网平台之外感到惋惜。比如，一张拍摄角度巧妙的图片展示了两个放在金属鸡蛋杯中的水煮蛋，结果被审查贴上了色情图片的标签，因为人工智能以为它是一个女人张开赤裸双腿展示性器官的照片。另外，尚处于摸索阶段的智能语音系统错误百出，让人失望透顶。比如，Google智能家居设备（Google Home）给出的最常见的回答是"对不起，我无法回答您的问题。"2019年1月，日本的一家连锁酒店不得不因此关闭了由机器人管理的店面：需要太多人手来纠正机器人的错误了。

目前来看，算法更新的节奏完全没有失控的迹象。要想取代人类，人工智能必须能够完成复杂任务，以及从多个角度考虑问题。这似乎还任重道远。至于人工智能在面对道德两难困境做出的回答，那其实是将人类选择参数化的结果。因此在道德层面，我们真正应该担心的问题是创造出人工智能解决方案的那些公司的道德偏好，而不是机器的道德自觉。然而，在攫取和保有我们的注意力这一点上，算法的效率其实并没有被高估。因为这并不复杂，并且立即就能产生收益。

承认网络平台的至高无上，赋予它们写就超人类主义未来的能力，也就意味着安于现状，回避我们理应进行的斗争。这就是数字平台的把戏。它剥夺了我们的空间，不受领土限制的跨国组织让国家无能为力，而个人则已经被网瘾奴役了。它剥夺了我们的时间，让我们以为未来已经写就，我们无力回天。一旦我们把数字巨头变成新一代的怪物，就等于将制定经济、社会和生活规范的权力交到了它们手中。

但是这些数字帝国的"野生状态"并不一定要成为我们的文化常态。我们生活在一个新秩序建立的时刻，一个毫无章法可循的"青涩"时刻。正如工业资本主义显露头角的19世纪末一样，当下的模式还有改革、修正、适应和被监管的空间。

无法无天的注意力经济并非数字平台的唯一发展模式。这些公司依然年轻，尚未在成长和适应的过程中碰壁。它们仍有可塑性，比如我们能够对基于数据的广告模式设限，而不需要完全推翻数字平台的存在和发展。

网络平台的经济模型也不能作为整个数字社会的建设蓝图。注意力经济造就的新寡头们占据了不可思议的经济总量，它们吞噬着我们海量的数据，并通过人工智能将之转化为令我们上瘾的武器。这一切似乎都在告诉我们，对个人数据的挖掘是数字文明的一个必要组成部分。让人不解的是，这些明显处于统治地位的公司对收集到的医疗和安全数据却避而不谈，这使得国际社会无法针对这些海量数据的储备状况展开讨论。

反抗这种让我们上瘾的注意力经济的统治，并不是将数字社会拒之门外。相反,这是要把数字社会重新安放于一个乌托邦计划之中,在眼前噩梦的基础上重启一个长期的美好愿景。反抗注意力经济的统治,意味着重新唤醒数字社会那具有解放性的巨大潜力。普天下的人们都将获得信息、知识和公共表达的权利;共享经济得以发展;时空限制被打破;卫生事业突飞猛进;让建立在动员和表态协作之上的新型民主制度成为可能。

把超人类主义幻想换成一种新型的数字人文主义吧!不要觉得惋惜。

一切都还有可能。对我来说,绝无放弃的选项。终结注意力经济这匹脱缰野马的主宰,这件事本身并不能重建数字化梦想和新模式。但这一步却是必要的、不可回避的。这是奴隶制的末日,是解放的曙光。

我们的解放之路要遵守两个相辅相成的戒律——修复和战斗。每个人都可以有自己的回答,但行动将是集体的,而且这些主题必须在公共空间占据合适的位置。战斗是一项政治计划,而修复是一项社会计划。鉴于数字技术让清单文化变成了一种叙事表达,那么我用清单作为本文的总结似乎更符合逻辑。为了摆脱金鱼文明,每个人都可以有自己的清单。我在此处列出了四场战斗和四个处方,仅供参考。

· 四场战斗

打击错误认识，而不是盲目开战。互联网巨头孕育的第一个错误认知，源自初期自由主义意识形态和短期经济利益的碰撞。这个认知提出，数字发展带来的社会和经济紊乱都可进行自我调节，就像"看不见的手"一样。在实操层面上，它强调"自我约束"。然而，想要上市公司自觉自愿地将社会福祉"内化"为其战略决策，并为了社会共荣而减少盈利，这简直是痴人说梦。相反地，近期的事件显示，联合起来对互联网巨头施压，并发表声明是行之有效的做法。

在国家、欧洲甚至是世界范围内进行协商是着实可能的。迄今为止，讨论都是围绕收入的再分配展开的。税收当然是再分配的手段之一，在尊重著作权的前提下直接向创作者支付酬劳也可达到目的。调控甚至可以包括时间的再分配，这一点并没有它听上去的那么虚无缥缈。首先，在现实生活中已经有类似案例了，如赌场限制那些太过脆弱的客人进入，并规定了最低年龄限制。其次，从长远来看，网络巨头们有必要确保自己尚且年轻的产业结构，不会摧毁它们和用户们建立起来的中长期联系。网瘾、潜在的抑郁症风险和疲劳感等症状，会逐渐成为所有用户的问题，并进入大众意识，这一定会让人们对社交平台的基础价值提出质疑。限制数字平台用算法和界面这些"大脑黑客"攫取用户注意力，等于让它们用短期经济利益来换取更长久的发展。

就注意力攫取算法的应用规范进行协商。 把集体干预的重点放在与平台息息相关的事务上，要避免限制过多，以维护网络的自由。我们应该优先考虑三个方面。

首先，有一些算法的编写目的是最大程度地提高信息的经济效率，并且为那些能够引起愤怒和情绪反应的内容增加曝光度。行动的第一步，就是要让这些算法的工作方式更透明，接着是限制其运用范围。

其次，"暗黑模式设计"等互动界面能够培养用户的成瘾行为。而2025年之前即将涌现出来比智能手机更隐蔽的工具，还可能继续改变人机互动的性质。因此，强制建立一个"健康的"、符合伦理的人机互动形式可能是公共卫生事业的必要举措。

最后，限制注意力广告逻辑在平台内部的应用范围。眼下，这些广告覆盖了所有的网页和服务。传统媒体在发展过程中严格地区分了广告内容与新闻及其他的编辑建议内容。而且，各国都制定了约束广告信息的规则（其中包括美国。从

1920年起，美国在消费者协会的压力下制定了广播业广告规范）。

思考网络平台的法律规范，以摆脱让社交平台拥有豁免权的美国模式。适度定义平台商的责任是一条漫长、艰难而曲折的道路，要想在所有网络服务和内容上都实行无疑是不可能的，但是起码这种愿景是存在的。并且，嘈杂的讨论已经开始了。

谈到新闻，如果不给新闻业拨款，就无法实现法律责任所要求的可靠性。在这一点上，我们可以和新闻媒体及其编辑人员商讨一个新的谈判框架。

开发不与注意力经济挂钩的数字产品。这些举措不能仅限于蒂姆·伯纳斯·李提出的重要的"反互联网"项目。"公共"社交网络这一雄心勃勃的主张已经得到了美国某些大学的支持（如麻省理工学院媒体实验室的公民媒体中心）。这让人回想起20世纪初欧洲在视听媒体领域采取的举措：BBC的成立就是为了避免媒体受个人利益和广告市场所主导。不过，通过鼓励平台开发"发现型"和"解放型"的算法，我们也可以采取一些收效更快，十分有用的小规模行动。"绿色"人工智能是通往"反互联网"的另一条道路。这样的话，我们就有可能打造一个既野心勃勃、又可实现的工业化科技项目，而不是"欧洲

Google"或者"欧洲Facebook"一类的幻想。

在这一点上，大众媒体可以起到关键作用。由于没有被广告商收买，且忠诚于它们的普世使命，它们能够且应当向网络平台贡献经过核实的另类信息，让大家能够在纯粹的注意力逻辑中"停下脚步"。它们要在平台的信息输出中"反输出"，成为网络政权中的抗衡势力。另外，它们提供的另类选项能够给构建与注意力经济逻辑背道而驰的技术工具提供机会。开发欢迎新观点、新文化领域、新叙事模式的算法；控制儿童和成人的上网时间，设置防沉迷提醒；开发让人放松、而非充满挑逗的互动界面；把提醒降到最低；提供前期时间投入多的节目（纪录片、创意作品）；降低音量，阻止频闪效应……可做的事情还有很多。

• 四个处方

一种新型的智慧、新型的自由尝试已经显露头角。当然，数字化带来的分裂仍然存在。不过，即将到来的不平等却发生了变化：联网不再是目的，断网才是。相比音乐，宁静更重要；

相比交流，冥想更可贵；相比即时消息，深入的思考更受推崇。关于"科技戒毒"主题的研讨会数目与日俱增。修道院里的清修从此换了性质：以前是逃离俗世来寻找上帝，现在变成了逃离电子刺激来寻找自我。断网是为了重新回到现实世界，但这么做的目的并不是人间蒸发，也不是拒绝数字社会的超凡潜力。我们仅仅需要明白——自由来源于自律。这种自律不是禁欲，而更多的是节制，是一些说来容易做起来难的个人规则，一些颇为实用却难以强加于人的办法。

庇护所。保罗·瓦莱里（Paul Valéry）[100]预言了一种未来：届时，只有建立电波不侵的修道院，隔绝庸众、新鲜事物以及盲从轻信的影响，世人才能够获得自由。这位作家的预言如今已经变成了人类文明的必需品。在学校及学术、祈告、辩论、会议等场所，建立像禁烟区一样的"禁网区"属于公共卫生的范畴。接收—庆祝—传播，这个埃马纽埃尔·莱维纳斯（Emmanuel Levinas）[101]口中的"三位一体"，将在我们戒掉网瘾的那天实现。硅谷的企业家们正是因为想清楚了这一点，才把孩子安排到了无网络技术的教育机构。

我可以毫不费力地想象大量禁网场所的场景，简单的告示牌提示人们：禁止电子设备妨碍我们的共同生活。在餐前和家人共处的时间交出电子设备，并让这个举动成为一个简单的社交礼仪。毕竟，手机屏幕是私密的，不以私密屏幕示人再正常不过。在校园里限制使用手机已经成为现实。以斯坦福大学为例，这所孕育了数字时代、网络平台和联网社会的高校，已经禁止上课使用手机，并在逐步禁止电脑的使用。

我们最终的目的，是让断网在技术层面更易于操作，使它成为网络功能的一部分，即使这种做法会触及部分人的直接经济利益。2018年，Facebook公开承认，即使用户断开连接，它们的应用程序仍然会继续"窃取"用户数据。在改变这一点上，用户仍然占据了举足轻重的地位。

保护。不仅保护空间，也保护时间。当我们说到休息，或者像盎格鲁-撒克逊人那样谈论"小憩一会儿"的可能性时，重新掌控自己的生活的关键在于我们能否断网，尤其是排除社交网站的干扰。这些时间当然包括晚上和家人或朋友共处的亲密时间。

我还记得在一个专业探讨会上，与会者在开会之前被要求把手机放进一个篮子里。开会是一个再平常不过的场景，每天都有成千上万的人开会，但这个举措执行起来却颇为不易。每个人都试图找到一个好的借口来逃脱上缴手机，我自己就是头一个。不过，以后这种只允许接打电话而阻止联网的篮子或者口袋应该会得到普及。不妨设想给我们的手机添加这样一种简单的功能:除了"飞行模式"之外,再设计一个"戒毒模式",让我们在特定时间之内不再被消息提醒打扰到,如何?

断网几天,权当休假,这种设想并不幼稚。我们确信少年儿童也需要这种假期,而且他们无疑比成年人更需要,这并不是白日梦。社交网站必须下决心给它们的互动页面加入一个"退出"几天甚至几周的功能。比如说每周两天或每年两个月,平台的互动页面可以主动鼓励休假:"您好,您近期似乎经常使用Facebook。我考虑在接下来几天之内停止与您互动,您同意吗?我将通知您的好友。"然而,现状却和这种想法形成鲜明的对比。用户哪怕只减少一点社交平台的使用,就会遭到威胁性的消息轰炸(发生了什么?)、让人焦虑的提醒(您知道您正在错过多少好友动态吗?)、技术清除的威胁(您有丢失偏好设置的风险),与此同时,用户的个人数据仍然在被存储、利用、变现。

解释。已经进入校园的社交网站,也可以走出校园。与此同时,我们需要教会学生如何正确使用它们、避开它们的不良影响、认识它们的成瘾机制和对抗办法,以及网站的病毒性传播逻辑。阐述网上发生的事情和现实生活之间的连续性,能够帮助年轻人意识到一点:那些看似虚拟的事情(开玩笑、骚扰等)不会只局限于虚拟世界。

减速。重新夺回时间，找回不受打扰、无电子刺激的片刻宁静，就能够形成一个良性循环。类似SOL（"不如读书吧？"，旨在强制在校学生每天阅读半个小时）之类的运动，肩负着走出试验阶段，成为集体工具的使命。我们的社会模式是基于加速构建起来的。因此，在任何领域（如信息、媒体、线上或者线下，甚至是消费领域）的减速举措，都是一种抵抗手段，也是促进解放的手段。

• 慕尼黑，2019

她才是当天的众目所归。

台上的女人貌似不甚自信，身上却透露出世界"最有力量"的女精英非同寻常的职业素养。她身后的巨大显示屏上的背景色是单一的橙色——金鱼的颜色。屏幕上只有一个英语问题："我们想要哪种类型的互联网？"还有两个名字，一个是她自己的名字，一个是她公司的名字："雪莉·桑德伯格，

Facebook"。

现在是2019年1月,备受指责的Facebook公司的首席运营官来到欧洲。她此行的目的,用合适的专业词汇来说,是做出"促进公司良性发展"的宣言。她感觉到了台下观众们的怀疑,如果放在几个月前,这些人很可能会盲目地入职她的公司。她之前的那位演讲者在谈到信任这个问题时,用了一句含沙射影的话:"如果钱是交易的货币,那么信任就是互动的货币。当后者被破坏时,互动最终总会烟消云散。"一说到这儿,所有人都想到了Facebook和雪莉·桑德伯格。于是,后者一上台就坦言这一年的艰辛以及他们犯下的错误,称这是Facebook"反思和学习的时机",并感谢了各国政府的"帮助"。这家帕洛阿尔托的巨头公司似乎屈服了,并宣布了一系列措施,如在数据安全上投资数十亿美元;与法国和德国政府采取联合行动,抗击国外的虚假信息;关闭虚假账户;给予每个人访问他们自己数据的权限;提高广告商的透明度。这些举措应该足以让各国政府对日后的大选放宽心了。

而在经济模式的问题上,桑德伯格只用三句话和两个敷衍的回答就跳过了。Facebook重申他们公司"在保护个人数据上的重大投资",并表达出不再轻易与广告商分享用户数据的意愿;他们还希望能够继续提供定向广告,"发展业务,帮助小型企业进入公众视野",并向用户推荐"他们可能感兴趣的广告"。综上,Facebook已经做好了改变的准备,但不包括其商业模式。

桑德伯格用一句话总结道:"我们的平台被少数别有用心的人变成了欺骗多数人的工具。"总之,这是一种非常美国的说法:他人才是邪恶之源,是他们扭曲了我们的模式,我们都是白莲花。所有这些行动,都旨在把Facebook改造为庇护所,阻止不良行为人的进入。假设Facebook说的都是真的,即使上述举措是必要的,只做这些事情毫无疑问也是不够的。

本书所捍卫的观点如下:网瘾的增长、信息气泡、失衡、虚假新闻的传播和反现实,都是网络平台经济模型的内在产物。这个模型是可以调整的。但是,我们必须即刻着手改变。

在自由主义的网络丛林和网络监控的牢狱世界之间,存在一条中间道路。这条道路就是社会生活之路。但是,如果我们不希望这条道路被死盯着屏幕而无法抬头的梦游者充斥的话,我们就不能让网络平台在社交生活中大权独揽。

附 记

根据法国金鱼协会（的确存在这个协会）的说法，金鱼天生是"群居"动物，寿命可达二十年到三十年，最长可以长到20厘米。而鱼缸让这个物种衰弱萎缩，加速了它们的死亡，并破坏了它们的社交性。

注 释

为方便读者理解，以下注释均为译者和编辑提供。

1　原文出自《庄子·内篇·齐物论》："若有真宰，而特不得其
朕。"意为（万物之上）似有真正的主宰，只是不易找到征象。

2　1992年美国总统大选，克林顿对垒老布什时提出的三个战略
重点之一。这句话其实是克林顿的幕僚詹姆斯·卡维尔提出的，后来
多被误认为克林顿语。

3　亦称"注意范围"。是指在同一时间内所能清楚地把握对象
的数量。它是心理学最早进行实验研究的问题之一。

4　T. S. 艾略特（1888—1965），英国诗人、剧作家和文学批评
家，代表作有《荒原》《四个四重奏》等。

5　英国计算机科学家，"万维网之父"。

6　德日进（1881—1955）是法国耶稣会神父、著名地质学家、古
生物学家，曾长期在中国从事科学活动。他同时是20世纪伟大的思想
家，主张把科学和基督教教义结合起来研究，提出了"创造进化论"。

7 三款跨平台的即时通信软件。

8 Snapchat是斯坦福大学的两位大学生创办的照片分享应用。这个应用的特色是"阅后即焚"。用户拍照、录视频并发送给好友后，信息内容会在指定时间内被自动销毁。也就是说，好友们可以通过Snapchat交换信息，同时避免在互联网上留下痕迹。

9 心流是个体全神贯注于某项活动时的整体感受，是一种积极的情绪体验。

10 摩门教是19世纪出现的基督教宗派，尊美国人约瑟·斯密为教主。在教义上，摩门教独树一帜，与其他基督宗教有较大区别。

11 John Fitzgerald Kennedy Jr，是美国总统JFK的儿子。

12 《逍遥骑士》以嬉皮文化为背景，以两个年轻人骑乘摩托进行长途跋涉的一段旅途为主要剧情，是一部充满惶惑、否定、叛逆的存在主义式公路电影。

13 Timothy Francis Leary，美国20世纪60年代著名的左派活动家、心理学家、作家。他主张迷幻药对人类灵魂和艺术的积极作用，对美国60年代的反文化运动有着深远影响。

14 Millbook，美国纽约州的一个颇负盛名的村子。在20世纪60年代，这里曾聚集过蒂莫西·利里等迷幻药瘾君子并以此闻名。

15 Bob Weir，美国音乐家，"感恩致死"的创始人之一。1994年他作为感恩致死乐队成员位列摇滚名人堂（Rock and Roll Hall of Fame）。

16　Grateful Dead是于1965年组建的一支美国摇滚乐队。这支乐队风格折中而多变,以擅长大段即兴表演著称。他们的追随者自称"死人头(dead head)",是乐队粉丝文化的先驱。《滚石》杂志评选该乐队为"史上最杰出艺术家"第57名;该乐队1994年入选摇滚名人堂。约翰·佩里·巴洛在这个乐队担任过超过二十年的词作家。

17　法国总统府。

18　法国最大的广告和传播集团,总部位于巴黎。

19　巴黎的一座著名的大型公共花园,位于卢浮宫和协和广场之间。

20　Opéra de Paris,又被称为加尼叶歌剧院,位于巴黎第九区,是一座新巴洛克风格的歌剧院,是巴黎重要的地标建筑。

21　现在公认的巨头公司是美国的索尼影视、华纳传媒等六家巨型多媒体公司,他们占据着北美市场九成的票房收益。

22　在美国发行的彩色月刊杂志,主要业务是报道科技对于文化、经济和政治的影响。

23　Electronic Frontier Foundation,成立于1990年,总部在美国,是一个国际民权组织。旨在维护互联网上的公民自由,限权执法机构,提供法律援助,支持公益诉讼。

24　Jesuits,天主教修会之一。天主教内顽固反对16世纪宗教改革的主要集团。1534年由西班牙人依纳爵·罗耀拉创立于巴黎。

25　Noosphere，源于希腊文noos，是智慧的意思。表示社会与自然相互关系的概念。它表示社会和自然界的统一。智慧圈要求社会发展和生物圈的组织性最优地协调一致。

26　美国记者、专栏作家。他著有《群体的智慧：为什么一人不敌众人智，以及集体智慧如何影响商业、经济、社会和国家》一书。

27　从2011年开始，Facebook曾受到一系列的指控。这些指控主要针对该网站的法律问题，以及它对用户和公司雇员的不良影响。比如该网站可能允许第三方网站利用"点赞"按钮来追踪用户的喜好、无限期地保留用户信息、不当使用面部识别技术、泄露用户账户信息等。它还被指控对用户心理健康产生不良影响。例如，Facebook有可能增加用户的忌妒心理、精神压力。有专家认为Facebook引起的社交网站成瘾问题可以与毒品成瘾相提并论。

28　自由意志指的是人在面对问题时，在各种方案中选择和做出决定的能力。哲学家们有"决定论"与"自由意志论"的争执。前者认为事物的发展是由先前的历史、环境或其他因素所限定的，人的意志在其中无能为力。后者持不同意见，认为人的行为是由他的意志所控制的。

29　特里斯坦·哈里斯的主张是：互联网企业有责任保护用户的注意力，使其不轻易被信息噪声干扰。因此，2015年他从谷歌离职，创立了公益组织"人道技术中心"（Center for Humane Technology），旨在扭转互联网巨头公司造成的"注意力数字化危机"。

30　《名利场》杂志是一本美国时尚杂志，主要报道明星私生活，也有新闻、评论、随笔等内容。

31 "询问一切事物"是伯纳斯·李在欧洲核子研究中心编写的一个软件计划。它是一个简单的超文本程序，也是万维网的前身。

32 阿帕网（Advanced research Projects Agency Network），即"高级研究计划局网络"。它由美国国防高级研究计划局开发，是世界上第一个数据包交换网络，也是互联网的鼻祖。

33 Solid是Social Linked Data的缩写，意为"社交关联数据"。这是一个分布式网络平台，旨在保障用户的数据所有权、改善隐私状况。它完全由用户控制，而不受任何组织或者个人控制。

34 研究认知失调问题的美国社会心理学家。

35 错失恐惧是指个体因担心错失他人的新奇经历或正性事件而产生的一种弥散性焦虑。

36 用户体验设计，英文叫User Experience Design，经常被缩写成UX。这是一种预估用户体验、探求用户真实期望、并且修正人机交互模式，以提高用户体验的设计学。

37 高新科技产业的企业家和风险投资家。1985年，他创建了比尔·达维多风投公司。他同时还是一位高新技术产业题材的作家，著有《高新科技营销》（Marketing High Technology）等著作。

38 《大西洋月刊》是美国的一家文学、文化评论杂志，创办于19世纪。

39 20世纪著名的法国超现实主义诗人。他在1924年起草《超现实主义宣言》，被看作超现实主义的创始人。

40　德国耶拿大学教授、社会学家、哲学家,法兰克福学派新一代的批评理论家。

41　当代英国著名哲学家、数学家和逻辑学家。

42　美国家喻户晓的老牌周刊,后改为月刊。

43　非营利性独立媒体,总部在澳大利亚墨尔本。

44　美国新自由主义经济学家,1992年诺贝尔经济学奖得主。他将经济学分析方法广泛运用于犯罪、毒品、生育等社会学领域,在学界掀起了"经济学帝国主义"浪潮。

45　法国哲学家,曾在雅克·德里达的指导下获得社会科学高级研究院的博士学位。

46　以技术哲学见长的法国哲学家、作家。

47　韩裔德国哲学家、文化研究理论家,在柏林艺术大学任教。

48　2013年由柏林的Matthes&Seitz出版社出版。这本书已被翻译成六国文字,中文版由中信出版社出版。

49　美国科技新闻网站。

50　拟态现象是一个生物学概念,指一种生物在形态、行为特征上模拟另一种生物,从而使一方或双方受益的生态适应现象。

51　美国哥伦比亚大学法学院教授,父亲是台湾人。他在法学上专精反托拉斯法、版权法和电信法。在网络经济方面颇有建树,曾提出过"网络中立性"这一关键概念。

52 瑞士哲学家,文学理论家。

53 美国学者,作家。

54 努西亚的圣本笃,意大利天主教隐修者,西方隐修制度的创始人。他的名字有时候被翻译成圣本尼迪克特或者圣本德。

55 《圣经·旧约》中的一卷,属"智慧书",是犹太教的哲理性著作。

56 三度影响力原则出自美国尼古拉斯·克里斯塔基斯(Nicholas A. Christakis)和詹姆斯·富勒(James H. Fowler)的《大连接》一书,是指社交中相距三度之内是强连接,强连接可以引发行为。我们所做或所说的任何事情,都会在网络上泛起涟漪,影响我们的朋友(一度),我们朋友的朋友(二度),甚至我们朋友的朋友的朋友(三度)。

57 法国流媒体音乐平台。

58 瑞典流媒体音乐服务平台。

59 由罗伯特·默顿提出,即使自己的预期成真的预言。

60 互联网观察者、活动家。他认为,过滤泡无处不在,它将每个人隔离,不给人们选择的权利。他呼吁 Google 和 Facebook 慎重考虑算法,公开信息过滤的方式,让每一个互联网公民知道自己身边正在发生的事情,让他们有权利知道自己错过了什么,而不是永远被困在这个戳不破的气泡里。

61　美国科幻文学界的传奇人物，他一生共出版44部长篇小说和121部短篇小说。

62　20世纪德国著名的动物行为学家，也是行为生态学的奠基人之一。

63　"Umwelt"这个词源自德语，根据2009年版《牛津英语大词典》的定义，是指"对栖居于其中的有机体产生影响的外在世界或现实"。然而从语言学、符号学的视角来看，Umwelt这个词在不同语境下的使用过程中所携带的代码、信息与英文"Environment"或中文"环境"并不对等。

64　20世纪美国著名媒介文化批评家和教育家。他对电子媒介尤其是电视对人类文化、社会和个人产生的负面影响进行了尖锐的批判，形成了自己独特的电视媒介思想。

65　英国作家，属于著名的赫胥黎家族。祖父是生物学家、进化论支持者托马斯·亨利·赫胥黎（Thomas Henry Huxley, 1825—1895）。

66　英国现代著名的作家和社会活动家。他一生共出版书籍110部，发表文章500余篇，除文学作品外，著述广涉社会、科学、历史等诸多领域。在文学方面，他尤以科幻小说和乌托邦小说著称于世。

67　美国的知名智库。

68　德国出生的美国政治哲学家，以著书论述极权主义、暴力和革命的性质以及现代政治生活的其他特性而遐迩闻名。

69　法国记者、作家。

70　美国著名小说家，"南方文学派"的创始人及主要代表作家，是继普鲁斯特、乔伊斯等之后的又一位意识流小说大家，也是整个西方最有影响的现代派小说家之一。

71　《纽约时报》首席书评家。

72　"法国理论"于20世纪70—80年代逐渐盛行于美国，汇总了德里达、阿尔都塞、德勒兹、利奥塔等哲学家的思想。这些思想颠覆了整个美国的知识领域，被重新阐释和挪用。

73　美国最善于创新和最受人称赏的游艺节目演出的经理人，以骗人为荣的马戏大师。

74　一种阴谋论。深层政府论认为，在表面上的民选合法政府背后，有一个不由民选、实际操纵国家的秘密团体，金融家、工业资本家、官僚家族、宗教团体、国外势力才是这个深层政府真正的主人。

75　1967—1968年播出的美国科幻连续剧。

76　《入侵者》的主角，建筑师。他在车里目睹了外星飞船的降落，从此试图说服人们相信外星人的入侵已经开始。

77　圣杯观念源自基督教传说。圣杯是耶稣基督在最后的晚餐中使用的杯子。后来耶稣被钉上十字架，圣杯又被用来盛放基督之血。

78　耶稣的十二门徒之一，以多疑著称。在《约翰福音》中，圣多马不相信基督耶稣死而复生的事，表示必须看到耶稣的伤痕才肯相信。结果耶稣向他展示自己的伤口，圣多马这才相信耶稣的确死而复生了。圣多马触摸耶稣的伤口的场景，即《多马的疑惑》，是常见的基督教艺术题材。圣多马的故事往往被看作实证主义精神和信仰精神的冲突。

79　由 Tyler Vigen 创建的网站，致力于记录那些没有因果关系、然而因为巧合看似相关的案例。

80　法国最有影响力的日报之一。

81　法国重要的文学评论家、文学家、社会学家、哲学家和符号学家。他的理论对于存在主义、结构主义、符号学和后结构主义思想有很大的影响。

82　以动画、漫画、游戏为讨论主题的美国贴图网站，是很多英文网络流行物的起源地，创建于 2003 年。

83　Q Anonymous 的缩写，意为匿名者"Q"，美国极右翼阴谋论者。Q 认为，在美国存在一个"深层政府"，由各种政治家、高级官员、自由派明星等有实力的人组成，实际上操纵着美国的政治大事。而总统特朗普则是这个深层政府的反对者。他们认为，破局者特朗普要动摇深层政府的既得利益，因此遭到宣传机器和老牌媒体的恶意攻击。

84　阿根廷作家。博尔赫斯被誉为是后现代主义的"鼻祖"，他的作品将幽默与荒谬、写实与魔幻共冶一炉，以大胆的主观想象和幻想，虚构了一种在现实世界根本不可能成立的事件和情节，既意味深长又富于机智。

85　当代著名意大利哲学家、符号学家、文艺理论家、作家。

86　爱尔兰著名的政治学家和讽刺文学大师，以著名的《格列佛游记》闻名于世。

87　美籍德国社会心理学家,传播学四大奠基人之一。

88　美国作家、教育家。

89　关于大众传播效果的一种假说,20世纪70年代美国传播学最重要的研究题目之一。主要内容为:大众传播媒介往往不能决定人们对某一事件或某种意见的具体看法,但通过提供信息和有关议题,一般能够有效地左右人们关注那些事实和意见,以及他们对此议论的关注程度。美国学者诺顿·朗格1958年最早提出这一假说。美国学者伯·科恩1963年明确阐述了这一假说。1968年,美国学者唐纳德·肖和麦克斯维尔·麦库姆斯首次试图通过对美国地方选举的研究证实这一假说。

90　"纯粹玩家"公司是指那些从事单一业务的公司,往往是网上的公司。

91　17世纪英国著名诗人、作家、思想家、政治家。

92　19世纪英国杰出的自由主义理论家。

93　美国独立战争时期著名的政治思想家、国务活动家和美国资产阶级革命中民主派的领袖,也是美国《独立宣言》的起草人。

94　又称溢出效应。实际经济活动中,生产者或消费者的活动对其他消费者和生产者产生的超越活动主体范围的利害影响。最早由庇古(A. C. Pigou)在分析社会资源最优配置条件时提出,迄今已成为微观经济学分析经济活动毗邻影响的基本概念。

95　哈佛大学教授、著名互联网思想家、哈佛大学伯克曼互联网与社会研究中心主任。

96　即GAFAM，GAFAM是一个首字母缩合词，指的是谷歌、苹果、脸书、亚马逊和微软。

97　著名未来学家和人工智能专家、谷歌工程主管。

98　18世纪、19世纪英美基督教中的一个派别。主张所有人的灵魂（包括已下地狱者）最终皆将得到救赎，因基督的救赎是普及全人类的，故名普救派。

99　美国前国务卿、政治学家，1968—1976年在决定美国外交政策方面是个有主要影响力的人物。

100　法国19—20世纪的著名诗人。

101　当代犹太裔法国哲学家，出生于立陶宛。

参考文献

书籍

Albert-Laszlo Barabasi, *Linked, How Everything Is Connected to EverythingElse and What I Means for Business, Science, and Everyday Life*, Basic Books, New York, 2014.

Yochai Benkler, Robert Faris& Hall Roberts, *Network Propaganda, Manipulation, Disinformation, and Radicalization in American Politics*, Oxford Uni- versity Press, Oxford, 2018.

Danial J. Boorstin, *The Image, A Guide to Pseudo- Events in America*, Vintage Books, New York, 1992.

A. Brad Schwartz, *Broadcast Hysteria, Orson Welles's War of the Worlds and the Art of Fake News*, Hill and Wang, New York, 2016.

Franklin Foer, *World Without Mind, The Existential Threat of Big Tech*, Penguin Press, New York, 2017.

Brooke Gladstone, co-animatrice de WNYC's On the Media, *The Trouble with Reality, A Rumination on Moral Panic in Our Time*, Workman Publishing Company, 2017.

Michiko Kakutani, *The Death of Truth, Notes on Falsehood in the Age of Trump*, Tim Duggan Books, New York, 2018.

Kevin Kelly, *The Inevitable, Understanding the 12 Technological Forces that will Shape our Future*, Viking, New York, 2016.

Ian Leslie, *Curious, The Desire to Know and Why your Future Depends on It*, Basic Books, New York, 2015.

Max McCombs, R. Lance Holbert, Spiro Kiousis, Wayne Wanta, *The News and Public Opinion, Media Effects on Civic Life*, Polity Press, Cambridge UK, 2011.

Eli Pariser, *The Filter Bubble, What the Internet Is Hiding from You*, Viking, Londres, 2011.

John Perry Barlow with Robert Greenfield, *Mother American Night, My Life in Crazy Times*, Crown Archetype, New York, 2018.

Neil Postman, *Amusing Ourselves to Death, Public Discourse in the Age of Show Business*, Penguin Books, New York, 2005.

Hartmut Rosa, *Accélération, Une critique sociale du temps*, La Découverte, Paris, 2010.

Howard Rosenberg & Charles S. Feldman, *No Time to Think, The Menace of Media Speed and the 24-hour News Cycle*, Continuum, New York, 2009.

Éric Sadin, *L'Intelligence artificielle ou l'enjeu du siècle*,

L'Échappée, Paris, 2018.

Timothy Snyder, *The Road to Unfreedom*, Tim Duggan Books, New York, 2018.

Paul Starr, *The Creation of the Media, Political Origins of Modern Communication*, Basic Books, New York, 2004.

Bernard Stiegler, *Dans la disruption, comment ne pas devenir fou ?*, Les Liens qui Libèrent, Paris, 2016.

Venkat Venkatraman, *The Digital Matric, New Rules for Business Transformation Through Technology*, LifeTree Media Book, 2017.

Tim Wu, *The Attention Merchants, The Epic Scramble to Get Inside Our Heads*, Alfred A. Knopf, New York, 2016.

文章

Do teens use Facebook ? It depends on their family's income, Hanna Kozlowska, Aug. 2018, https://qz.com/1355827/do-teens-use-facebook-it-depends-on-their-familys-income/

Wtf is wrong with this dude ? What is he looking at ? The world ?@ cap0w, Feb. 2014, pic.twitter.com/1TpCF5Y5QW

The Tech Industry's War on Kids, Richard Freed, Mar. 2018, https://medium.com/@ richardnfreed/the-tech-industrys-psychological-war-on-kids-c452870464ce

Exlusive: Tim Berners-Lee tell us his radical new plan to upend the World Wide Web, Sep. 2018, https://www.fastcompany.com/90243936/exclusive-tim-berners-lee-tells-us-his-radical-new-plan-to-upend-the-world-wide-web

"I was devasted" : Tim Berners-Lee, The man who created the World Wide Web, has some regrets, Katrina Brooker, Jul. 2018, Vanity Fair

A Wise Man Leaves Facebook, Kara Swisher, Sep. 2018, The New York Times

Pour une technologie "plus humaine", les repentis de la Silicon Valley s'organisent, Phane Montet, Feb. 2018, https://usbeketrica.com/article/les-repentis-de-la-silicon-valley-s-organisent

Intelligence artificielle : "De plus en plus de spectres vont administrer nos vies", Éric Sadin, Oct. 2018, https://www.liberation.fr/ futurs/2018/10/22/intelligence-artificielle-de-plus-en-plus-de-spectres-vont-administrer-nos-vies_1687106

Le Président en son labyrinthe algorithmique, Éric Salmon, May 2018, https://www.mediapart.fr/ journal/france/060518/le-president-en-son-labyrinthe-algorithmique?onglet=full

Decoding the Social Algorithms. A guide for com-municators, Ste Davies23, https://www.steda-vies.com/social-media-algorithms-guide/

The Netflix Binge Factory, Josef Adalian, Jun. 2018, https://www.vulture.com/2018/06/ how-netflix-swallowed-tv-industry.html

The Attention Merchants review–how the Web is being debased for profit, Ben Tarnoff, Dec. 2016, https://www.theguardian.com/books/2016/dec/26/the-attention-merchants-tim-wu-review

L'attention, le nouveau graal du marketeur, Pierre-Antoine Allain, Feb. 2016, Harvard Business Review

When do TV Shows Peak ?, Ben Lindbergh & Rob Arthur, Jul. 2018, https://www.theringer.com/tv/2018/7/31/17628494/when-do-tv-shows-peak

The death of Don Draper, Ian Leslie, Jul. 2018, https://www.newstatesman.com/science-tech/internet/2018/07/death-don-draper

Facebook creates Orwellian headache as news is labelled politics, Emily Bell, Jun. 2018, https://www.theguardian.com/media/media-blog/2018/jun/24/facebook-journalism-publishers

Facebook CEO Mark Zuckerberg on Recode Decode, Kara Swisher, Jul. 2018, https://www.recode.net/2018/7/18/17575158/mark-zuckerberg-facebook-interview-full-transcript-kara-swisher

Targeted Advertising is Ruining the Internet and Breaking the World, Dr. Nathalie Maréchal, Nov. 2018, https://motherboard.vice.com/en_us/article/xwjden/targeted-advertising-is-ruining-the-internet-and-breaking-the-world

This is How Amazon Loses, John Battelle, Oct. 2018, https://shift.newco.co/2018/10/10/this-is-how-amazon-loses/

How social media took us from Tahrir Square to Donald Trump, Zeynep Tufekci, Aug. 2018, https://www.technologyreview.com/s/611806/how-social-media-took-us-from-tahrir-square-to-donald-trump/

Attention is not a resource but a way of being alive to the world, Dan Nixon, Dec. 2018, https://aeon.co/ideas/attention-is-not-a-resource-but-a-way-of-being-alive-to-the-world

Pour le moment, l'intelligence artificielle produit surtout de la bêtise artificielle, Bernard Stiegler, propos recueillis par Marine Jeannin, Feb. 2018, https://www.nouveau-magazine-litteraire.com/idees/intelligence-artificielle-bernard-stiegler-humain-nouvelles-technologies

The Fake-News Fallacy, Adrian Chen, Aug. 2017, https://www.newyorker.com/magazine/2017/09/04/the-fake-news-fallacy

How Much of the Internet is Fake ? Turns Out, a Lot of It, Actually , Max Read, Dec. 2018, http://nymag.com/intelligencer/2018/12/how-much-of-the-internet-is-fake.html

Derrière le"Q"brandi par les supporters de Trump, une théorie complotiste, Gregor Brandy, Aug. 2018, http://www.slate.fr/story/165548/qanon-theorie-complotisme-4chan-trump

The universe of people trying to deceive journalists keeps expanding, and newsrooms aren't ready, Heather Bryant, Jul. 2018, http://www.niemanlab.org/2018/07/the-universe-of-people-trying-to-deceive-journalists-keeps-expanding-and-newsrooms-arent-ready

54 newsrooms, 9 countries, and 9 core ideas : Here's what two

researchers found in a yearlong quest for journalism innovation, Per Westergaard & Soren Schultz Jorgensen, Jul. 2018, http://www.niemanlab. org/2018/07/54-newsrooms-9-countries-and-9-core-ideas-heres-what-two-researchers-found-in-a-yearlong-quest-for-journalism-innovation/

News you don't believe: *Audience perspectives on Fake News,* Rasmus Kleis Nielsen & Lucas Graves, Oct. 2017, https://reutersinstitute. politics.ox.ac.uk/our-research/news-you-dont-believe-audience-perspectives-fake-news

A guide to anti-misinformation actions around the world, Daniel Funke, Jan. 2019, https://www.poynter.org/fact-checking/2019/a-guide-to-anti-misinformation-actions-around-the-world/

Four problems for news and democracy, Ethan Zuckerman, Apr. 2018, https://medium.com/trust-media-and-democracy/we-know-the-news-is-in-crisis-5d1c4fbf7691

Don't blame the election on fake news. Blame it on the media, Duncan J. Watts & David M. Rothschild, Dec. 2017, https://www. cjr.org/ analysis/fake-news-media-election-trump.php

News is bad for you—and giving up reading it will make you happier, Rolf Dobelli, Apr. 2013, https://www.theguardian.com/media/2013/apr/12/ news-is-bad-rolf-dobelli

When algorithms go wrong we need more power to fight back, say AI researchers, James Vincent, Dec. 2018, https://www.theverge. com/2018/12/8/18131745/ai-now-algorithmic-accountability-2018-reportfacebook-microsoft-google

How the Enlightenment Ends, Henry A. Kissinger, May 2018, https://www.theatlantic.com/magazine/archive/2018/06/henry-kissinger-ai-could-mean-the-end-of-human-history/559124/

This is how we radicalized the world, Ryan Broderick, Oct. 2018, https://www.buzzfeednews.com/article/ryanhatesthis/brazil-jair-bolsonaro-facebook-elections

Examining Henry Kissinger's Uninformed Comments on AI, Julia Gong, Sep. 2018, https://www.skynettoday.com/briefs/kissinger-ai

纪录片

Dopamine, Léo Favier, Arte

Génération écran :Génération malade ?, Elena Sender & Raphaël Hitier, Arte

关键数据

文中关键数据来源于以下研究：

Monthly active users of select social platforms, Jun. 2018, https://www.businessinsider.fr/us/instagram-va-luation-facebook-industry-dominance-charts-2018-6

Smartphone Addiction Tightens Its Global Grip, May 2017, https://www.statista.com/chart/9539/smartphone-addiction-tightens-its-global-

grip/

14 Things You'll Want to Know About the future of Media, Nov. 2017, https://www.businessinsider.fr/us/henry-blodget-14-things-youll-want-to-know-about-the-future-of-media-ignition-2017-2017-11

What happens in an Internet Minute?, May 2018, https://www. visualcapitalist.com/internet-mi-nute-2018/

致 谢

　　这本书记载着我从1999年起观察到的数字计划的转变过程。它的付梓离不开我这二十年来与业内人的合作、会面和交流，这些专业人士包括：数字媒体、编辑、社交网络、网络平台、研究中心、智库、大学和监管机构。由于机构为数众多，我无法在此——列举。希望他们都能收到我的感激之情。

　　我周遭的至亲们一直在忍受我的网瘾，他们也许能通过前文的解释对我有所改观。大部分时候，他们都比我更明智。比如我的大女儿在多年前就提醒我警惕Facebook的危害；而我的小女儿则可以好几天都不用智能手机。因此，我感谢我的亲人们，感谢他们的耐心和关怀。

　　这本书的想法是在布宜诺斯艾利斯召开的"哲学之夜"会议上萌生的。亚纳·洛尔沃（Yann Lorvo）邀请我参加了这次会议。我在贝勒卡西姆·巴鲁里（Belkacem Bahlouli）的授权下，使用了为《滚石》（Rolling Stone）杂志写作的专栏中的一些段落。应蒙田研究所（L'Institut Montaigne）的洛朗·比戈尔涅（Laurent Bigorgne）的要求，我与巴黎政治学院媒体实验室的多米尼克·卡东（Dominique Cardon）以及麻省理工学院媒体实验室公民媒体中心的伊桑·朱克曼（Ethan Zuckerman）合作完成了关于信息的章节。谢谢你们。

我仍然相信分享信息、知识和文化的高质量数字世界的存在，并且不排斥大型社交网络平台。我有幸在韦罗妮克·凯拉（Véronique Cayla）和弗雷德里克·米翁（Frédéric Mion）的监督下，和ARTE（德法公共电视台）以及巴黎政治学新闻学院的同事一同研究大型社交平台。感谢马丁娜·屈比利（Martina Cubiles）一直以来提供的宝贵帮助。也感谢鲍里斯·拉宗（Boris Razon）和亚纳·查贝隆（Yann Chapellon）的审阅。

最后，我尤其要感谢我的朋友和编辑克里斯多夫·巴塔伊（Christophe Bataille），还有奥利弗·诺拉（Olivier Nora）以及格拉塞出版社（Grasset）的全体员工。感谢你们对我的信任。

关于作者

布吕诺·帕蒂诺（Bruno Patino）

巴黎政治大学新闻学院院长。他的职业生涯始于智利的《世界报》（*Le Monde*），此后曾担任《世界报》（1999—2008）、法国广播电台（2008—2010）和法国电视（2010—2015）的总干事，负责节目调试和数字业务。他拥有政治学博士学位，毕业于巴黎政治研究所（IEP）和巴黎高等经济商业学院（ESSEC Business School），并在约翰霍普金斯大学（Johns Hopkins University）获得国际关系硕士学位。

注意力经济的一个不可调和的悖论是：一边承诺帮助网络用户节约时间，一边却在攫取他们的时间。这是一个永不终止的恶性循环：人们为了生产更多的时间而耗费了更多的时间。这个生产过程与一种剥削机制结合，使得我们对征服、加工和生产时间的数字工具产生依赖。

对屏幕的上瘾、无休止的公共辩论、公共空间的两极化、条件反射践踏冷静思考、辩论广场摇身一变成为斗兽场。这就是我们的时代——这是最美好的时代，也是最糟糕的时代。

每个人都以为自己视野的界限就是世界的界限。

——叔本华